"ධම්මෝ හි වාසෙට්ඨා, සෙට්ඨෝ ජනේතස්මිං
දිට්ඨේ චේව ධම්මේ, අභිසම්පරායේ ච."
වාසෙට්ඨයෙනි, මෙලොවෙහි ත්, පරලොවෙහි ත්
ජනයා අතර ධර්මය ම ශ්‍රේෂ්ඨ වෙයි !

- අග්ගඤ්ඤ සූත්‍රය - භාග්‍යවත් බුදුරජාණන් වහන්සේ

නුවණ වැඩෙන බෝසත් කථා - 13
ජාතක පොත් වහන්සේ
(කුසනාළි වර්ගය)
පූජ්‍ය කිරිබත්ගොඩ ඤාණානන්ද ස්වාමීන් වහන්සේ

ISBN : 978-955-687-110-4

ප්‍රථම මුද්‍රණය	:	ශ්‍රී බු.ව. 2560 ක් වූ මැදින් මස පුන් පොහෝ දින
සම්පාදනය	:	මහමෙව්නාව භාවනා අසපුව
		වඩුවාව, යටිගල්ඔළුව, පොල්ගහවෙල.
		දුර : 037 2244602
		info@mahamevnawa.lk | www.mahamevnawa.lk

පරිගණක අකුරු සැකසුම, පිටකවර නිර්මාණය සහ ප්‍රකාශනය :
මහාමේඝ ප්‍රකාශකයෝ

වඩුවාව, යටිගල්ඔළුව, පොල්ගහවෙල.
දුර : 037 2053300, 076 8255703
mahameghapublishers@gmail.com

මුද්‍රණය	:	තරංජි ප්‍රින්ට්ස්,
		506, හයිලෙවල් පාර, නාවින්න, මහරගම.
		ටෙලි: 011-2801308 / 011-5555265

නුවණ වැඩෙන බෝසත් කථා - 13

ජාතක පොත් වහන්සේ

(කුසනාළි වර්ගය)

සරල සිංහල පරිවර්තනය

පූජ්‍ය කිරිබත්ගොඩ ඤාණානන්ද ස්වාමීන් වහන්සේ

මහාමේඝ
MAHAMEGHA
ප්‍රකාශනයකි

පෙරවදන

ජාතක පොත් වහන්සේ ඔබ කියවලා ඇති. කුඩා අවධියේත්, පාසලේදීත්, සරසවියේත්, පන්සලේ බණ මඩුවේත්, වෙසක් නාඩගමේත් අපි ජාතක කථා රස වින්දෙමු. නමුත් එහි සැබෑ අරුත කුමක් දැයි තේරුම් ගන්නට අප සමත් වූ වගක් නම් නොපෙනේ.

'නුවණ වැඩෙන බෝසත් කථා' නමින් ඒ ජාතක කථා ඔබේම භාෂාවෙන් ඔබට කියවන්නට ලැබෙන්නේ එයින් ඉස්මතු වන අරුතත් සමඟිනි. මෙහි අරුත් දැන එම කථාවත් මතක තබා ගෙන සත්පුරුෂ ගුණධර්ම දියුණු කර ගන්නට මහන්සි ගන්නේ නම් එය ජාතක කථාවෙන් ඔබට ලැබෙන සැබෑම ප්‍රතිඵලයයි.

හැම දෙනාටම තෙරුවන් සරණයි!

මෙයට,
ගෞතම බුදු සසුන තුළ මෙත් සිතින්,
පූජ්‍ය කිරිබත්ගොඩ ඤාණානන්ද ස්වාමීන් වහන්සේ
ශ්‍රී බුද්ධ වර්ෂ 2560 ක් වූ වෙසක් මස 31 දා

මහමෙව්නාව භාවනා අසපුව
වඩුවාව, යටිගල්ඔළුව,
පොල්ගහවෙල.

පටුන

13. කුසනාළි වර්ගය

නමෝ තස්ස භගවතෝ අරහතෝ සම්මාසම්බුද්ධස්ස
ඒ භාග්‍යවත් අර්හත් සම්මා සම්බුදුරජාණන් වහන්සේට නමස්කාර වේවා!

01. කුසනාළි ජාතකය

කුසනාළි පඳුරේ අරක්ගත් දේවතාවාගේ කථාව

පින්වතුනේ, පින්වත් දරුවනේ,

ඇතැම් අයගේ නම් හරි කැතයි. ඔවුන්ගේ නම් අවලස්සන වුණාට කුලයෙන් පහත් වුණාට ඔවුන්ගේ ගතිගුණ අවලස්සන නෑ. මෙයත් එබඳු කතාවක්.

ඒ කාලේ අපගේ භාග්‍යවතුන් වහන්සේ වැඩ වාසය කළේ සැවැත්නුවර ජේතවනයේ. ඔය කාලේ අනේපිඬු සිටාණන් හට ඉතාම හිතවත් විශ්වාසී මිත්‍රයෙක් හිටියා. කුලයෙනුත් හීනයි. ඒ වගේ ම දුප්පත්. ඔහු පහත් කුලයේ නිසා ඔහුට නම දමා තිබුණේ කාලකණ්ණි කියලයි.

අනේපිඬු සිටාණන්ගේ වැදගත් යයි සම්මත ඉහළ පෙළේ මිත්‍රයන් අනේපිඬු සිටුතුමාට මෙහෙම අවවාද දුන්නා.

"මහා සිටුවරය, ඔබගේ ඔය යාළුවාගේ ආශ්‍රය නම් එතරම් ගැලපෙන්නේ නෑ. ඔබ උසස් පවුලක, ධනවත් පවුලක, වැදගත් පරම්පරාවක කෙනෙක් නොවැ. ඔබගේ

යාළුවා ඔබට සමානත් නෑ, ඔබට උසස්කමකුත් නෑ. අනික කිසි වැදගත්කමක් නෑ. අපි නම් කැමති ඔබතුමා අර පුද්ගලයා සමග ඇති හිතවත්කම් නවත්වනවාට"

එතකොට අනාථපිණ්ඩික සිටාණන් මෙහෙම හිතුවා 'මං හිතමිත්‍රකම් පවත්වන්නේ මිනිසුන්ගේ ඇති යහපත් ගතිගුණ සළකලයි. ඔවුන් මා හා සමාන විය යුතුයි, උසස් විය යුතුයි යන අදහසක් මට නෑ. ඒ නිසා මගේ අනිත් මිත්‍රයන්ගේ වචනය අසා කාළකණ්ණිගේ ආශ්‍රය නවත්වන්ට මට පුළුවන්කමක් නෑ' කියලා කාළකණ්ණි නමැති මිත්‍රයාගේ ආශ්‍රය නැවැත්තුවේ නෑ. තමන්ගේ සිටුමාළිගේ ආරක්ෂා කටයුතු ඒ කාළකණ්ණි නමැති මිත්‍රයාට පැවරුවා.

දවසක් අනේපිඬු සිටුතුමා ඇතුළු ගෙදර සියලු දෙනා ඈත ගමනක් ගියා. එදා සිටුගෙදර ආරක්ෂා කරගැනීමේ කටයුත්ත පැවරී තිබුණේ කාළකණ්ණි නැමැත්තාට යි. එදා අනේපිඬු සිටුතුමා මාළිගයේ නැති බව සොරුන්ට ආරංචි වුනා. ඔවුන් රාත්‍රියේ මාළිගය වටකළා. සිටුගෙදර සේවක පිරිසත් වේලාසනින් නින්දට ගියා. නමුත් කාළකණ්ණි අවදියෙන් සිටියා. ඔහු වටපිටාව ගැන හොඳ සෝදිසියෙන් සිටියා. සිටුගෙදර බිඳින්ට සොරු ඇවිත් බව කාළකණ්ණිට වැටහුනා. ඔහු ඉක්මනින්ම සේවකයන්ව අවදි කෙරෙව්වා.

"සක් පිඹිව්. නළා පිඹිව්. බෙර ගසව්.... මාළිගාව සොරු වට කරලා" කියා කිව්වා. සේවකයොත් නැගිට සක් පිඹීම්, බෙර ගැසීම් ආදියෙන් මහත් සේ ඝෝෂා කළා. සිටුගෙදර මහා උත්සවයක් යයි සිතූ සොරු සිටු නිවස බිඳින්ට ගෙනා අවිආයුධත් දමා පැනදිව්වා. පසු

දින උදේ සොරුන් විසින් තැන් තැන්වල දමා ගිය අවි ආයුධ දකින්ට ලැබුණා. අනේපිඬු සිටාණන් පැමිණි විට තමාගේ සිටුමාළිගය සොරුන්ගෙන් බේරුණේ කාළකණ්ණි නමැති මිත්‍රයා නිසා බව දැනගන්ට ලැබුනා.

අනේපිඬු සිටුතුමා ජේතවනයට ගොස් භාග්‍යවතුන් වහන්සේ බැහැදැක මේ ප්‍රවෘත්තිය දැනුම් දුන්නා. භාග්‍යවතුන් වහන්සේ මෙසේ වදාළා.

"ගෘහපතිය, මිත්‍රයා කියන්නේ සුළුපටු කෙනෙක් නොවේ. මිත්‍රධර්මය අවබෝධයෙන් ම රකින්ට සමර්ථ කෙනාටයි මිත්‍රයා කියන්නේ. හැබෑ මිත්‍රයා ගැන සැලකීමේ දී ඔහු තමාට උසස් විය යුතුයි. සමාන විය යුතුයි. හීන විය යුතුයි කියා දෙයක් නෑ. තමන්ට ලැබෙන වගකීම නිසියාකාරව ඉටු කරනවා නම් ඒකයි මිත්‍රධර්මය. දැන් ඔබ තමාගේ හොඳම මිත්‍රයා නිසා සිටුගෙදර බේරාගත්තා. ඔය වගේම ඉස්සර කාලෙකත් හොඳම මිත්‍රයෙක් නිසා එක්තරා බලවත් දෙවියෙකුට තමන්ගේ විමානය බේරා ගන්ට ලැබුණා."

එතකොට අනේපිඬු සිටාණන් ඒ ඉස්සර සිදු වූ දේ කියාදෙන්ට කියා භාග්‍යවතුන් වහන්සේගෙන් ඉල්ලා සිටියා. භාග්‍යවතුන් වහන්සේ මේ ජාතකය වදාළා.

"ගෘහපතිය, ගොඩාක් ඉස්සර කාලෙක බරණැස් නුවර බ්‍රහ්මදත්ත නමින් රජ්ජුරු කෙනෙක් රාජ්‍ය කළා. ඔය කාලේ මහා බෝධිසත්වයෝ රජ්ජුරුවන්ගේ උද්‍යානයේ කුසනාළි නැමැති රුක්පඳුරක දේවතාවෙක් වෙලා උපන්නා. ඒ උද්‍යානයේ ම මංගල ගල්තලාව ඇසුරු කොට හොඳින් අතුපතර විහිදී ගිය රුචි නම් වෘක්ෂයක්

තිබුණා. ඒ වෘක්ෂය මනා අරටුව ඇති විශාල රුකක්. ඒ වෘක්ෂයේ මහේශාක්‍ය දිව්‍යරාජයෙක් අරක්ගෙන සිටියා. බෝධිසත්වයෝ ඒ රුක්දෙවියා සමග ඉතා හොඳ මිතුරුකමින් වාසය කළා.

ඔය කාලේ රජ්ජුරුවන්ගේ එක්ටැඹක වූ ප්‍රාසාදයක් තිබුණා. දවසක් ඒ ප්‍රාසාදයේ ස්ථම්භය සෙලවුනා. ඒ බව රජ්ජුරුවන්ට දැනුම් දුන්නා. රජ්ජුරුවෝ ලී වඩුවන් කැඳවා උපදෙස් දුන්නා. "දරුවෙනි, මාගේ එක්ටැම් ගෙහි ප්‍රාසාදය සෙලවී තිබෙනවා. හොඳින් අරටුව ඇති ටැඹක් එතැන සිටුවා ඒක නිශ්චල කරන්ට ඕනෑ"

"එසේය, දේවයන් වහන්ස" කියලා ඔවුන් එයට ගැලපෙන අරටුව සහිත රුකක් සොයන්ට පටන් ගත්තා. ඔවුන්ට විශාල වෘක්ෂයකට දකින්ට ලැබුණේ මංගල ගල් තලාව අසල වූ මහා රුචි වෘක්ෂය පමණයි. ඔවුන් රජ්ජුරුවන්ව බැහැදකින්ට ගියා.

"දරුවෙනි.... මා කියූ කටයුත්තට යෝග්‍ය වූ වෘක්ෂයක් හමුවුණාද?" "දේවයන් වහන්ස, ඊට සුදුසු වූ එකම වෘක්ෂයයි තියෙන්නේ. හැබැයි දේවයන් වහන්ස, ඒක මංගල වෘක්ෂය නොවැ. ඒක කපන එක නම් ටිකක් බරපතලයි. ඒක කපන්ට සුදුසු නෑ යි කියලයි අපට සිතෙන්නේ"

"දරුවෙනි.... වෙන කුමක් කරන්ට ද? යව් එතනට. ගොහින් ඒ වෘක්ෂය කපා අපගේ ප්‍රාසාදය ශක්තිමත් කරව්. අපි එතැන ඇති වෙනත් වෘක්ෂයක් මංගල වෘක්ෂය බවට සම්මත කරමු." එතකොට ඔවුන් 'යහපති දේවයන් වහන්ස' කියලා පුද පූජාවන් රැගෙන උයනට ගියා. ඒ වෘක්ෂයට අධිගෘහිත දේවතාවුන් වහන්සේට පුද පූජා

පවත්වා 'අපි හෙට මේ වෘක්ෂය කපන්ට එනවා' කියලා පිටත් වුනා. එතකොට ඒ මහා වෘක්ෂයට අරක් ගත් රුක් දෙවියෝ 'අයියෝ.... හෙට මාගේ විමානය නසා දමනවා නොවැ' කියලා සංවේගයට පත් වුනා. 'මං දූන් මාගේ දෙව් පිරිවර සමග යන්නේ කොහේදෝ කියල යායුතු තැනක් නොදැක දරුවන් වැළඳගෙන හඬාවැටෙමින් සිටියා. හාත්පස රුක්වල සිටි දේවතාවරුත් වනදේවතාවරුත් ඇවිදින් කාරණය අසා ඔවුන්ටත් ලී වඩුවන්ට එරෙහිව කිසිවක් කරගන්ට බැරිව හැමෝම එකතුවෙලා හඬන්ට පටන් ගත්තා.

ඒ කාලේ මහා බෝධිසත්වයෝ අපේ රුක්දේවතාවා බලන්ට ඕන කියලා එතැනට පැමිණෙන වේලේ ඔවුන් මහත් සේ දුකට පත් වී ඇති වග දැනගන්ට ලැබුනා. "මිත්‍රය.... භය වෙන්ට කාරි නෑ. බලන්ට.... මං ඔය වෘක්ෂය කපන්ට ඉඩ තියන්නේ නෑ. හෙට ලී වඩුවෝ ආ වෙලාවට මං කරන දේ බලන්ට" කියා කිව්වා. එතකොට දෙවිවරු හැඬීම නවත්තා මහත් සංසිඳීමට පත් වුනා.

පසුවදා උදේ මහා වෘක්ෂය කපන්ට හිතාගෙන ලී වඩුවෝ ආවා. බෝසත් රුක් දෙවියා කටුසු වෙසක් මවා ගත්තා. ඒ මංගල වෘක්ෂයේ මුල් අතරට වැදී නොපෙනී ගියා. එය ප්‍රධාන ලී වඩුවා දැක්කා. කටුස්සා ගියේ කොහේදැයි බලද්දී මහා රුක මැදින් අත්තකින් මතු වෙලා හිස සොලව සොලවා සිටියා. ප්‍රධාන ලී වඩුවා ඒකත් දැක්කා. දැකලා මෙහෙම කිව්වා. "ෂකේ.... මේක ඇතුල හුඹහක් තියෙන ගසක් වත්ද?" කියලා ගිහින් අතින් ගහට තට්ටු කළා. එතකොට බොල් හඬකුයි ඇසුණේ. ඔහු අනිත් වඩුවන්ට මෙහෙම කිව්වා.

"මිතුරනි.... අපට වැරදීමක් වෙලා වගෙයි. මේක ඇතුලේ සිදුරක් තියෙන අරටුව නැති ගසක් නොවැ. විසාලෙට තියෙනකොට මං හිතුවේ එක්ටැම් ගේකට සරිලන අරටුව ඇති මහරුකක් කියල.... මදෑ වෙච්චි රැවටිල්ල.... අපරාදේ අපි නොසොයා නොබලා වෘක්ෂයට පුද පූජාවළුත් පැවත්තුවා නොවැ. යමු යමු වෙන රුකක් සොයා ගම්මු.... මහ පෙනුමට තිබුණට මොකොද, කිසි වැඩකට නැති ගහක්" කියල ඒ අරටුව සහිත මහා වෘක්ෂයට ගරහා පිටත් වෙලා ගියා.

ඒ මහා රුකේ සිටිය මහේශාක්‍ය දෙවියා ආයෙමත් ඒ රුකේ අධිපති වුණේ කුසනාළි පඳුරේ අරක්ගත් කුඩා දේවතාවාගේ නුවණ නිසා බව තේරුම්ගත් සියලු දේවතාවරු බෝසතාණන් වහන්සේට ස්තුති ප්‍රශංසා කරන්ට පටන් ගත්තා. රුක්දෙවියාත් තමන්ගේ විමානය නැවත තමාට ලැබුනා කියා මහා සතුටින් බෝසතුන්ගේ ගුණ කිව්වා.

"අනේ පින්වත් දෙවිය.... අපි මහේශාක්‍ය දේවතාවෝ තමයි. නමුත් අපිට නුවණ නෑ නොවැ. අපට මෙවැනි උපායක් කරන්ට මතක් වුනේ නෑ නොවැ. කුසනාළි පඳුරේ අධිපතිව සිටත් තමුන්නාන්සේගේ ඥාණ සම්පත්තිය නිසයි අපට මේ අධිපතිබව ලැබුණේ. මිත්‍රයෝ හැටියට තමන්ට සමාන අයත්, තමන්ට වඩා උසස් අයත්, තමන්ට තරම් නැති අයත් සිටින්ට පුළුවනි. ඒ සියලු දෙනා අතරින් තමන්ගේ මිතුරන්ට කරදර විපත් ඇති වූ විට වීර්යයෙන් ධෛර්යයෙන් යුක්තව ඒ දුකින් බේරාගෙන සැපයට පමුණුවා සුවපත් කිරීම ම මිත්‍ර ධර්මය යි" පවසා මේ ගාථාව පැවසුවා.

ධන කුල බලයෙන් කිත් යසසින්
- තමා වැනි ම මිතුරා ද හොඳයි
තමාට වැඩියෙන් ධන කුල බල ඇති
- මිතුරාවත් ඇසුරට ද හොඳයි
ධන කුල බලයෙන් අඩුවෙන් සිටියත්
- මිතුරෙකු නම් ඇසුරට ද හොඳයි
විපතක් වූ විට පිහිටට එන
- නැණ බල ඇති මිතුරා හොඳ ම හොඳයි
ඔහු නම් මගෙ පිහිටට ආ
- කුසනාළි දෙවියා වගේ ඉතා හොඳයි

එදා රුචි වෘක්ෂයේ අධිපති මහේශාක්‍ය දේවතාවා වෙලා සිටියේ අපගේ ආනන්දයෝ. අල්පේශාක්‍ය දෙවියෙකු වී කුසනාළි පඳුරට අධිගෘහිතව සිටියේ මම”යි කියා භාග්‍යවතුන් වහන්සේ මේ ජාතකය නිමවා වදාළා.

02. දුම්මේධ ජාතකය

අසත්පුරුෂ අඥානයාගේ කථාව

පින්වතුනේ, පින්වත් දරුවනේ,

දෙතිස් මහා පුරිස ලකුණින් යුතුව අසිරිමත් බුද්ධශ්‍රීයෙන් බැබළුනු අපගේ භාග්‍යවතුන් වහන්සේ ගැන සිත පහදවා ගන්ට බැරි වීමෙන් උන්වහන්සේ ගැන ඊර්ෂ්‍යා කිරීමෙන් දේවදත්තයා බොහෝ සෙයින් පව් රැස්කර ගත්තා. භාග්‍යවතුන් වහන්සේගේ ශරීරයේ ලේ ද්වේෂ සිතින් යුක්තව සෙලවීමෙන් ආනන්තරීය පාප කර්මය කරගත්තා. භාග්‍යවතුන් වහන්සේට නොයෙක් ආකාරයෙන් නින්දා අපහාස කෙරෙව්වා.

ඒ කාලයේ අපගේ භාග්‍යවතුන් වහන්සේ වැඩ වාසය කළේ රජගහනුවර වේළුවනයේ. එදා දම්සභා මණ්ඩපයට රැස් වූ භික්ෂූන් වහන්සේලා දේවදත්ත නමැති මෙම අවාසනාවන්ත පුද්ගලයාගේ කෲරත්වය ගැන කතා කරමින් සිටියා. ඒ අවස්ථාවේ අපගේ භාග්‍යවතුන් වහන්සේ එතැනට වැඩම කොට පනවන ලද ආසනයේ වැඩ හිඳ වදාළා. භික්ෂූන් වහන්සේලා තමන් කතා කරමින් සිටි කාරණය ගැන භාග්‍යවතුන් වහන්සේට සැළකළා. භාග්‍යවතුන් වහන්සේ මෙසේ වදාළා.

"මහණෙනි, තථාගතයන් හට ප්‍රශංසා කරනවා දැක දේවදත්තයා ඊර්ෂ්‍යා කරන්ට ගත්තේ මේ ආත්මයේ

විතරක් නොවේ. තථාගතයන් බෝසත් අවදියේත් ප්‍රශංසා ලබනවා දුටු දේවදත්තට එය උහුලා ගන්ට බැරිව විනාශ කරන්ට මහන්සි ගත්තා" කියා භාග්‍යවතුන් වහන්සේ මේ ජාතකය වදාළා.

"මහණෙනි, ගොඩාක් ඉස්සර කාලෙක මගධ රටේ රජගහනුවර එක්තරා මගධ රජෙක් රාජ්‍ය කළා. ඒ කාලයේ බෝධිසත්වයෝ ඇත් කුලයේ උපදිලා සිටියේ. ඒ ඇත් රජා සර්වප්‍රකාරයෙන් සුදු පාටයි. අතිශයින් ම ශෝභාසම්පන්නයි. රජ්ජුරුවන්ට මේ හස්තියා ගැන දැනගන්ට ලැබුණා. රජ්ජුරුවෝ ඒ ඇතාව ගෙන්වා ගෙන හොඳට පුහුණු කරවා මංගල හස්තිරාජ තනතුර දුන්නා.

එක්තරා උත්සව දවසක මුළු රජගහනුවර ම උත්සවශ්‍රීයෙන් අලංකාර කරලා තිබුණා. ඉතා අලංකාරව සරසා සිටි හස්තිරාජයාගේ පිට මතින් රජ්ජුරුවෝ මහත් රාජානුභාවයෙන් නගර ප්‍රදක්ෂිණා කළා. මහජනයා ඒ ඒ තැන්වල රැස්කකා රූපශ්‍රීයෙන් බබළන මංගල හස්තිරාජයා ගැන ම ප්‍රශංසා කරන්ට පටන් ගත්තා.

"බලව් පින්වත්නි.... අපගේ ශ්වේත වර්ණ හස්තිරාජයා ගමන් කරන ලීලාව.... අහෝ.... මෙතරම් සුන්දර හස්තිරාජයෙක් දකින්ට අපගේ දෑස් බොහෝ පින් කොට ඇත්තේ ය.... මෙවැනි අතිසුන්දර හස්තිරාජයෙක් සැබැවින් ම චක්‍රවර්ති රජකෙනෙකුට ඉතා හොබනේ ය" කියමින් වර්ණනා කරන්ට පටන් ගත්තා.

මංගල හස්තිරාජයා පිට හුන් රජ්ජුරුවෝ මිනිසුන් මෙතරම් පුදුමයෙන් බලමින් ප්‍රශංසා කරන්නේ තමාට යයි සිතමින් මහත් ආඩම්බරයෙන් යුක්ත වුනා. නමුත් ටික වේලාවකින් එසේ ප්‍රශංසා කරන්නේ තමන්ට නොව මේ

ඇත්රජාට බව රජුට වැටහුනා. එතකොට රජුට තමන්ගේ ඇත්රජා කෙරෙහි ඉතා බලවත් ඊර්ෂ්‍යාවක් හටගත්තා.

"ම්.... මෙවුන් ප්‍රශංසා කරන්නේ තිරිසන් සතෙකුට නොවැ. මෙතරම් රාජාභරණයෙන් විභූෂිතව මහත් තේජසින් සිටිනා මෙවුන්ගේ රජා ගැන දැන් මෙවුන්ට වගක් නැති හැඩයි. මේ ඇතෙකුට වශී වෙලා...! හොඳයිකෝ.... තොපේ නෙත්සිත් වසඟ කළ ඇතාට කරන දේ බලාපන් කෝ..." කියලා වේපුල්ල පර්වතය පාමුලට ගියා. ප්‍රධාන ඇත්ගොව්වාව කැඳෙව්වා.

"එම්බල ඇත්ගොව්ව.... තෝ මේ ඇතාව හික්මෙව්වේ කොයි ක්‍රමයෙන් ද?"

"ඇයි දේවයන් වහන්ස, ඔය ඇත්රජා හරි අපූරුවට හික්මවා තියෙන්නේ."

"කට වහපන්.... මේකාගේ ඇති හික්මීමක් නෑ. මේකා මහා නොහික්මුනු ඇතෙක්."

"ගැත්තාට සමාව අවසර දේවයන් වහන්ස, මේ ඇතා හොඳාකාරව ම හික්මී ඇති වග මට ඉතාම වගකීමෙන් කියන්ට පුළුවනි."

"හහ්.... යසයි.... තොපගේ වගකීම.... මේකා ඉතා හොඳින් හික්මිලා නම් දැන් ම මට පරීක්ෂා කොට බලන්ට ඕනෑ" කියලා රජ්ජුරුවෝ බෝසත් ඇතා පිටින් බැස්සා. "හරි.... එහෙනම්.... දැන් මේකාව මේ වේපුල්ල පර්වතේ මුදුනට නග්ගවන්ට ඕනෑ. හ්ම්.... දැන් ගනින්.... මේ නොහික්මුනු එකාව."

"එහෙමයි.... දේවයන් වහන්ස" කියලා ප්‍රධාන

ඇත්ගොව්වා ඇතා පිටේ නැග්ගා. වේපුල්ල පර්වතේ මුදුනට ම එක්කරගෙන ගියා. රජ්ජුරුවෝ දෝලාවේ නැග්ගා. ඇමති පිරිවර සමගින් පර්වත මුදුනට ආවා. රජ්ජුරුවෝ මෙහෙම අණ කළා.

"හ්ම්.... දැන් මේකාව ඔය ප්‍රපාතය පැත්තට මුහුණ හරවා සිටවාපන්.... තෝ කියනවා නොවැ ඉතා හොඳින් මේ සතාව හික්මවා තියෙනවා කියලා. එහෙනම් පාද තුනකින් සිට ගන්ට කියාපන්."

"මගේ රත්තරන් පුතේ... භය වෙන්ට කාරි නෑ. මං නුඹව හොඳට පුහුණු කරවා නොවැ තියෙන්නේ.... එක් පාදයක් ඔසොවාගෙන පාද තුනකින් සිටපං" එතකොට බෝධිසත්වයෝ පාද තුනෙන් සිටගත්තා. එතකොට රජ්ජුරුවෝ පාද දෙකින් සිටවන්ට කිව්වා. පසු පාද බිම තියාගෙන ඉදිරි පාද දෙක ඔසොවාගෙන සිටියා. ඊට පස්සේ ඉදිරි පාද දෙක බිම සිටුවා පසු පාද දෙක ඔසොවා ගෙන ඉන්ට කිව්වා. ඇත්ගොව්වා ඒකත් කෙරෙව්වා. ඊට පස්සේ පාදතුනක් ඔසොවාගෙන තනි කකුලෙන් ඉන්ට කිව්වා. ඇත්ගොව්වා ඒකත් කෙරෙව්වා. රජ්ජුරුවෝ සිතුවේ ඇතාට කය සමකොට ඉන්ට බැරිව ප්‍රපාතයට වැටී මැරිලා යාවී කියලයි. නමුත් ඔහු සිතපු දේ වුණේ නෑ. ඇතා ඉතා ම දක්ෂ විදිහට ඒ හැම ඉරියව්වේ ම හිටියා. "හ්ම්.... ඇත්ගොව්වා..... මේකාගේ හික්මීම සම්පූර්ණ මදි.... දැන්.... මේකාව ආකාසේ සිටුවන්ට ඕනෑ."

එතකොට ඇත්ගොව්වා මෙහෙම සිතුවා. "මේ ඇත්රජා තරම් සර්වසම්පූර්ණ ආකාරයෙන් හික්මුණු ඇතෙක් මුළු දඹදිව ම නෑ. නිසැකව ම මේ ඇත්රජාව ප්‍රපාතෙන් පහලට දමා මරවන්ටයි මේ දුෂ්ට රජාගේ

ආශාව...." කියලා ඇත්ගොව්වා පිට මත ඉඳන් ම ඇතාගේ කන ගාවට පාත්වෙලා රහසේ මෙහෙම කිව්වා.

"මගේ රත්තරන් පුතේ.... මේ දුෂ්ට රජා ඔයාව ප්‍රපාතෙට පෙරලා මරවන්ට යි ආසා. මයෙ පුතා එතරම් අවාසනාවන්තයෙක් නොවෙයි පුතේ. ඉදින් ඔයාට අහසින් යාගන්ට බලයක් ඇත්නම් ඇත්කඳ මත ඉන්න මාවත් අරගෙන අහසට පැන නැගී බරණැස් නුවරට යමං මයෙ දෙයියෝ" කියල කිව්වා. එතකොට මහාපුණ්‍ය ඉර්ධියෙන් යුක්ත වූ බෝසත් ඇත්රජා ඒ සැණින් ම අහසට පැන නැංගා! ඇත්ගොව්වා ඇතාපිට මත ම සිට කෑගහලා රජ්ජුරුවන්ට මෙහෙම කිව්වා.

"එම්බල මහරජ, මෙවැනි පුණ්‍ය ඉර්ධියෙන් යුක්ත වූ ඇතෙකුගෙන් සේවය ලබන්ට තොප වැනි පින් මඳ වූ අඥානයෙකුට වාසනාව නෑ. මෙබඳු වූ මහා උත්තම වාහනයක් ලැබිලත් මෙහි වටිනාකොම වටහාගන්ට තොපට නුවණ නැති වුනා. තමන්ගේ අතිත් වාසනා සම්පත් පවා තොප වැන්නවුන් නසා ගන්නවා" කියලා ඇත්ගොව්වා ඇතාපිටේ සිටියදී ම මේ ගාථාවන් පැවසුවා.

අසත්පුරුෂ අනුවණයා
- තමන්ට ලද යසපිරිවර
- විපතට ම යි යොදවන්නේ
උඩඟුකමින් මත් වීමෙන්
- කළ යුතු දේ දන්නෙ නැතිව
- නපුරට ම යි යොදවන්නේ
තමා හටත් අනුන් හටත්
- මෙයින් විපත් සිදුවන බව
- අනුවණයා නොම දන්නේ

ඉරිසියාව ඇති කරගෙන
- හිංසා පීඩා කරමින්
- විපතක් ම යි කරදෙන්නේ

මෙහෙම කියලා "දන් කරන්ට දෙයක් නෑ රජතුමනි, තොප ඔහොම සිට" කියා අහසින් බරණැසට ගොස් බරණැස් රජ්ජුරුවන්ගේ රජමිදුලේ අහසේ ම සිටියා. ආකාශයෙන් සුදෝසුදු ඇත්රජෙක් ඇවිත් රජමිදුලේ ආකහේ සිටිනවා කියා මුළු නගරය ඒකකෝලාහලයක් වුණා. රජ්ජුරුවෝ දුවගෙන ආවා. "ඇත්රජෝ.... තොප ආවේ මට උපස්ථාන පිණිස නම් බිමට බැහැපන්" කිව්වා. එතකොට ඇත්රජා බිම පිහිටියා. ඇත්ගොව්වා ඇතුපිටින් බැස්සා. රජ්ජුරුවන්ට වන්දනා කළා. තමන් රජගහනුවර සිට පැමිණි බවත් සිදු වූ සියලු විස්තරත් රජ්ජුරුවන්ට කිව්වා.

"හොඳයි මිත්‍රය.... මේ ඇත්රජා මෙහාට ගෙනා එක මට බොහෝ සන්තෝෂයි" කියල නගරය සරසවා ඇත්රජාට මංගල හස්තිරාජ තනතුර දුන්නා. බරණැස් රාජ්‍ය තුන්කොටසකට බෙදුවා. එක් කොටසක් බෝසත් ඇතාගේ උපස්ථාන පිණිස යෙදෙව්වා. එක් කොටසක් ඇත්ගොව්වාට දුන්නා. අනිත් කොටස රජ්ජුරුවෝ භුක්ති වින්දා. බෝධිසත්වයන්ගේ පැමිණීම සිදු වූ දා පටන් ඒ රජ්ජුරුවන්ට මුළු දඹදිව ම නතුවෙන්ට පටන් ගත්තා. ඒ රජු දඹදිව අගරජු වුනා.

මහණෙනි, එදා මගධ රජුව සිටියේ දේවදත්තයි. බරණැස රජ්ජුරුවෝ වෙලා සිටියේ අපේ සාරිපුත්තයෝ. ඇත්ගොව්වා වෙලා සිටියේ අපගේ ආනන්දයෝ. ඇත්රජාව සිටියේ මම"යි කියා භාග්‍යවතුන් වහන්සේ මේ ජාතකය නිමවා වදාළා.

03. නංගලීස ජාතකය

නගුල් පොල්ල හෙවත් නගුලිස ගැන කථාව

පින්වතුනේ, පින්වත් දරුවනේ,

සමහර අය ඉන්නවා උපතින් ම දුර්වලයි. කොපමණ උගන්වන්ට මහන්සි ගත්තත් ඉගෙන ගන්නේ නෑ. එසේ බැරිව සිටගෙනත් එක එක දෙයට ඉදිරිපත් වෙලා අන්‍යයන්ගේ සිනහවට බඳුන් වෙනවා. බුද්ධකාලයේත් එබඳු අය සිටියා. මෙයත් එබඳු කතාවක්.

ඒ කාලේ අපගේ භාග්‍යවතුන් වහන්සේ වැඩ සිටියේ සැවැත්නුවර ජේතවනයේ. ඔය කාලෙම ලාලුදායි නමින් තෙරනමක් වාසය කළා. මේ භික්ෂුව යමක් තේරුම් ගන්ට දක්ෂතාවක් තියෙන කෙනෙක් නොවෙයි. නමුත් බලෙන් ම වගේ බණ කියන්ට යනවා. එහෙම බණට ගිහින් හැමවිට ම කියන්නේ තැනට නොගැලපෙන දෙයක් ම යි. මංගල සම්මත අවස්ථාවක දී මළගෙවල්වල කියන බණ කියනවා. අවමංගල අවස්ථාවක දී මංගල සම්මත දේවල් කියනවා. මෙහෙම අවස්ථාවට අනුචිත දේ කියන්ට ගිහින් අන්‍යයන්ගේ සිනහවට බඳුන් වෙනවා.

දවසක් භික්ෂූන් වහන්සේලා මේ ලාලුදායි තෙරුන්ගේ සිනහ උපද්දවන වැඩසටහන ගැන කතා කරමින් සිටියා. එතකොට භාග්‍යවතුන් වහන්සේ එතැනට

වැඩම කොට පනවන ලද ආසනයෙහි වැඩ හිඳ වදාළා. භික්ෂූන් වහන්සේලා තමන් කතා කරමින් සිටි කාරණාව භාග්‍යවතුන් වහන්සේට සැළකළා. භාග්‍යවතුන් වහන්සේ මෙසේ වදාළා.

"මහණෙනි, ලාලුදායි තමන්ගේ අඥානකම නොසලකා වැඩ කරන්ට ගිහින් විහිළුවට ලක් වුණේ මේ ආත්මේ විතරක් නොවේ. මීට කලිනුත් එහෙම වෙලා තියෙනවා."

එතකොට භික්ෂූන් වහන්සේලා ඒ අතීත කතාව කියා දෙන්ට කියා භාග්‍යවතුන් වහන්සේගෙන් ඉල්ලා සිටියා. භාග්‍යවතුන් වහන්සේ මේ ජාතකය වදාළා.

"මහණෙනි, ගොඩාක් ඉස්සර කාලෙක බරණැස්පුරේ බ්‍රහ්මදත්ත නමින් රජ්ජුරු කෙනෙක් රාජ්‍ය කරමින් සිටියා. ඔය කාලේ මහාබෝධිසත්වයෝ උසස් බ්‍රාහ්මණ පවුලක ඉපදිලා තක්සිලාවට ගිහින් ශිල්ප හදාරා නැවත බරණැසට ආවා. බරණැස දිසාපාමොක් ආචාර්යව පන්සීයක් මානවකයන්ට ශිල්ප ශාස්ත්‍ර ඉගැන්නුවා. එසේ ඉගෙන ගන්නා තරුණයන් අතර එක්තරා වැටහීම් ශක්තිය අඩු, මෝඩපහේ තරුණයෙකුත් ඉගෙනීම් කටයුතුවල යෙදී සිටියා. මොහු දිසාපාමොක් ආචාර්යතුමාට ඉතා හිතවත්ව සිටියා. දාසයෙක් වගේ එතුමාගේ හැම කටයුත්තක් ම ආදරයෙන් කළා.

දවසක් සවස් යාමෙක බෝධිසත්වයෝ ආහාර අනුභව කරලා සයනේ වැතිරී සිටියා. එතකොට ඒ තරුණයා ඇවිත් බෝසතුන්ගේ අත්පා සම්බාහනය කරලා පිටත් වෙන්ට සූදානම් වුණා. බෝසත් ආචාර්යතුමා ඒ තරුණයාට මෙහෙම කිව්වා. "දරුවෝ.... මේ ඇඳේ

කකුල් දෙක උස්වෙන්ට යටට මොකක් හරි තියාලා පලයන්" කියලා. එතකොට මොහු ඇඳේ එක් කකුලකට උස්වෙන්ට යමක් තිබ්බා. අනික් කකුල උස්වෙන්ට යමක් සොයාගන්ට බැරුව ගියා. ඒකට යමක් තියනවා වෙනුවට තමන්ගේ කලවා ඇඳ කකුල යටින් තියාගෙන මුළු රාත්‍රිය ම ගත කළා. බෝධිසත්වයෝ පාන්දරින් නැගිටිද්දී මොහු ඇඳ පාමුල ඉන්නවා දකින්ට ලැබුනා. "ඇයි පුත්‍රය.... මේ වාඩිවෙලා ඉන්නේ" "ආචාර්යතුමනි.... ඇඳේ එක් කකුලකට යටට තබන්ට දෙයක් සොයා ගන්ට බැරි වුනා. මං ඉතින් කලවා මත ඇඳ කකුල තබාගෙන වාඩි වී උන්නා."

දිසාපාමොක් ආචාර්යතුමාට මේ තරුණයා ගැන මහත් සංවේගයක් හටගත්තා. මෙහෙම සිතන්ට පටන් ගත්තා. 'අනේ.... මේ දරුවා මට අතිශයින් ම හිතවත්ව වාසය කරනවා. ඒත් මෙපමණ ඉගෙන ගන්නා පිරිසක් අතරේ මොහුට නොවැ ශිල්ප ඥානය ඇති කරගන්ට අමාරු. නුවණ පාවිච්චි කිරීම හරිම අඩුයි නොවැ. මං මේ දරුවා යමක් ඉගෙන ගත් නැණවතෙක් කරන්නේ කොහොම ද?' කියලා ආයෙමත් එතුමා මෙහෙම හිතුවා.

'හරි.... උපායක් නම් මතක් වුනා. දැන් මේ තරුණයාත් දර කඩන්ට, පළා නෙළන්ට ගොහින් එනවා නොවැ. එතකොට අද මොනවාද දැක්කේ, මොනවාද කළේ කියල අහනවා. මං මේවා දැක්කා මේවා කළා කියලා උත්තර දේවී නොවැ. ඒ අනුසාරයෙන් උපමා ඇසුරෙන් සිතීමේ හැකියාව ඇතිකර දෙන්ට ඕනෑ. එතකොට ක්‍රම ක්‍රමයෙන් නුවණ දියුණු වෙලා යාවි.' මෙහෙම සිතලා බෝධිසත්වයෝ ඒ තරුණයා ඇමතුවා.

"දරුවෝ.... මෙතැන් පටන් දර කඩන්ට, පළා නෙළන්ට වනාන්තරේට ගොහින් ආවාට පස්සේ එහිදී දැකපු දේවල්, අසපු දේවල්, කාපු බීපු දේවල් මට කියන්ට ඕනෑ"

"එසේය ආචාර්යතුමනි" කියලා පිළිතුරු දීලා දවසක් තවත් මානවකයන් සමඟ දර කඩන්ට වනාන්තරේට ගියා. ගිය වේලේ වනයේ සර්පයෙක් දැක්කා. ඇවිදින් ආචාර්යතුමාට මෙය කියා සිටියා.

"ආචාර්යතුමනි.... මං සර්පයෙක් දැක්කා."

"හොඳයි.... එතකොට පුත්‍රය, ඒ සර්පයා මොකක් වගේ ද?"

"ඒ සර්පයා නගුල් පොල්ලක් වගෙයි"

"හොඳයි පුත්‍රය.... නුඹගේ ඒ උපමාව ගැන සතුටුයි. නගුල් පොල්ල තරමේ සර්පයෝ ඉන්ට පුළුවනි. බාගෙදා නුඹ එහෙම එකෙක් දකින්ට ඇති" කියලා බෝධිසත්වයෝ මෙහෙම හිතුවා 'මේ තරුණයාව මේ ක්‍රමයෙන් නැණවතෙක් කරන්ට ලැබුණොත් ඒ ඇති' කියලා.

ආයෙමත් දවසක මොහු තරුණයන් සමඟ වනේට ගිය වේලේ අලියෙක් දකින්ට ලැබුනා. එදා මොහු ඇවිත් මෙහෙම කිව්වා.

"ආචාර්යතුමනි.... අද මං අලියෙක් දැක්කා."

"පුත්‍රය.... ඒ අලියා මොකක් වගේ ද?"

"අලියා නගුල් පොල්ල වගෙයි"

එතකොට බෝධිසත්වයෝ මෙහෙම සිතුවා. 'ම්.... ඇතාගේ සොඬ නගුල් පොල්ල වගේ නොවැ. ඇතැම් හස්තීන්ට මහා දළත් තියෙනවා නොවැ. එහෙම දෙයක් සලකාගෙන වෙන්ට ඇති මේ තරුණයා එහෙම කිව්වේ. මොහුට වෙනත් උපමාවක් හොයාගන්ට අපහසුවකුත් ඇති' කියල එදා නිශ්ශබ්ද වුනා. තවත් දවසක බ්‍රාහ්මණයන්ගේ දානයකට පිටත් වුනා. එදා මොහුට උක් ගසක් ලැබුණා. "ආචාර්යතුමනි.... අද අපි උක්ගස් කෑවා" "හොඳා.... එතකොට පුත්‍රය.... උක් ගස මොකක් වගේ ද?" "නගුල් පොල්ල වගෙයි" කිව්වා. "ම්.... ඒ උපමාව තරමක් දුරට කිට්ටුවෙන් යන්ට ඇහැකි" කියලා බෝධිසත්වයෝ නිශ්ශබ්ද වුනා.

තවත් දවසක දානයකට ගියා. එදා දානෙට උක්හකුරුත් ලැබුණා. මීකිරිත් ලැබුණා. කිරිත් ලැබුණා. ඉතින් මේ තරුණයා ඇවිත් ආචාර්යතුමාට කිව්වා "ආචාර්යතුමනි, අද අපි උක්හකුරු, දීකිරි, කිරි අනුභව කළා." "හොඳා.... එහෙනම් කියාපන් බලන්ට ඒ දීකිරි, කිරි මොනවා වගේ ද?" "ආචාර්යතුමනි, නගුල් පොල්ල වගේ තමයි" කියල පිළිතුරු දුන්නා. බෝධිසත්වයෝ මෙහෙම සිතුවා. "මේ යෝදයා එදා සර්පයා දැකලා නගුල් පොල්ල වගේ කිව්වා. ඒ උපමාව තරමක් ගැළපුනා. අලියාව දැකලත් නගුල් පොල්ල වගේ කිව්වා. ඒකත් තරමක් දුරට හරි. ඊළඟට උක්ගසටත් නගුල් පොල්ල වගේ කිව්වා. ඒකත් යාන්තමින් හරි ගියා. දීකිරි - කිරි බඳුනේ පුරවලා තියෙනවා දැකලා සුදු නෙළුම් ගොඩක් බඳුනක දාලා වගේ පෙනුනා කිව්වා නම් ගැළපෙනවා. කොහෙත්ම ගැළපෙන උපමාවක් කියන්ට බැරි වුනා නොවැ. මේ මෝඩකම දුරුවෙන හැටියට උගන්වන එක නම් කරන්ට

ඇහැකි වැඩක් නොවේ" කියලා මේ ගාථාව පැවසුවා.

කිසිදේකට ගැලපෙන්නැති
- උපමා ම යි අනුවණයා පවසන්නේ
ඔහුගේ අනුවණ බව ම යි හැම දෙයින් ම මතුවන්නේ
නගුලිස හෝ කිරි ගැන හෝ
- මොහු කිසිවක් නොම දන්නේ
එනිසා කිරිවලටත් මොහු නගුලිස යයි පවසන්නේ

මෙහෙම කියල ඔහුට මග වියදම් දීලා තමන්ගේ ගමට පිටත් කළා. එදාත් මෝඩපහේ තරුණයා වෙලා නොගැළපෙන උපමා කියමින් සිටියේ අද මේ සිටින ලාලුදායි භික්ෂුව යි. දිසාපාමොක් ආචාර්යතුමා වෙලා සිටියේ මම"යි කියලා භාග්‍යවතුන් වහන්සේ මේ ජාතකය නිමවා වදාළා.

04. අම්බ ජාතකය

වනසත්තු අඹ ආදී පලවැල රැගෙන තාපසයා වෙත ආ කථාව

පින්වතුනේ, පින්වත් දරුවනේ,

ඇතැම් අය සිටිනවා හරිම යහපත්. කොතැනක ගියත් තමන්ගේ කටයුතු තමන්ගේ පාඩුවේ කරනවා. අනුන්ට බැණ බැණ තමන් කළ යුතු දේ කරන්නේ නෑ. පංගුපේරු බලන්නේ නෑ. අනුන්ට අණ කර කර ඉන්නේ නෑ. එබඳු කෙනෙක් නිවසක සිටියොත් ඒ නිවස ලස්සන වෙනවා. වතුපිටි ලස්සන වෙනවා. එබඳු ගතිගුණ ඇති භික්ෂුවක් සේනාසනයක හෝ අසපුවක හෝ වාසය කළොත් ඒ ස්ථානය නිතැතින් ම අන්‍යයන්ට පියකරු තැනක් වෙනවා. මෙයත් එබඳු කෙනෙක් ගැන කතාවක්.

ඒ දිනවල අපගේ භාග්‍යවතුන් වහන්සේ වැඩ වාසය කළේ සැවැත්නුවර ජේතවනයේ. ඔය කාලෙම සැවැත්නුවර එක්තරා තරුණයෙක් සිටියා. ඔහු බණ ඇසීම පිණිස නිතර දෙව්රමට ගියා. මොහුටත් පැවිදි වීමේ කැමැත්ත ඇති වුනා. පැවිදි ව නවක භික්ෂුවක් ලෙස බුදුසසුනට ඇතුළත් වූ දා පටන් ඉතාම ඕනෑකමින් ආචාර්ය උපාධ්‍යායන් වහන්සේලාට වත් පිළිවෙත් දැක්වුවා. වළඳන පැන් පරිභෝජනය කරන පැන් ගෙනාවා. උපෝසථාගාරයේ, ගිනිහල් ගෙහි වත කළා. කුටිවලට

යන මාවත්, සක්මන් මළු, දම්සභා මණ්ඩපයට යන මාවත් ආදිය ඉතා මැනවින් ඇමද පිරිසිදු කළා. මිනිසුන් දෙව්රමට පැමිණි විට ඔවුන්ට පානය කරන්ට පැන් දුන්නා. මනාකොට වත් කරන මේ ශාන්ත භික්ෂුව දකපු බොහෝ අය මහත් සේ පැහැදුනා. එසේ පැහැදුන අය දිනපතා පන්සිය නමකට දන්පැන් දුන්නා. මේ භික්ෂුව නිසා ම බොහෝ ලාභ සත්කාර උපන්නා. ඒ නිසා අනික් භික්ෂූන් වහන්සේලාටත් ඉතා සුවසේ වාසය කරන්ට ලැබුණා.

දම්සභා මණ්ඩපයට රැස් වූ භික්ෂූන් වහන්සේලා මේ වත්පිළිවෙතින් යුක්ත වූ භික්ෂූන් වහන්සේ නිසා උපන් ලාභ සත්කාරයෙන් බොහෝ පිරිසකට පහසුවෙන් වාසය කරන්ට ලැබීම ගැන කතා කරමින් සිටියා. ඒ අවස්ථාවේ අපගේ භාග්‍යවතුන් වහන්සේ එතැනට වැඩම කොට පනවන ලද ආසනයෙහි වැඩහිඳ වදාළා. භික්ෂූන් වහන්සේලා තමන් කතා කරමින් සිටි කරුණ භාග්‍යවතුන් වහන්සේට සැලකළා. භාග්‍යවතුන් වහන්සේ මෙසේ වදාළා.

"මහණෙනි, ඔය භික්ෂුව ඔය විදිහට වත් පිළිවෙතින් යුක්ත වීම නිසා බොහෝ දෙනාට යහපත සැලසුනේ මේ ආත්මේ විතරක් නොවේ. මීට පෙර ආත්මෙකත් මේ වත්පිළිවෙත් ගුණය නිසා මොහුට ලැබුණු ලාභසත්කාරවලින් පන්සියයක් තාපස ඍෂිවරුන් සුවසේ ජීවත් වුණා" කියල භාග්‍යවතුන් වහන්සේ මේ ජාතකය වදාළා.

"මහණෙනි, ගොඩාක් ඉස්සර කාලෙක බරණැස් පුරේ බ්‍රහ්මදත්ත නමින් රජ්ජුරු කෙනෙක් රාජ්‍ය කරමින් සිටියා. ඒ කාලේ බෝධිසත්වයෝ උසස් බ්‍රාහ්මණ පවුලක

ඉපදිලා වියපත් වුනාට පස්සේ ඍෂි පැවිද්දෙන් පැවිදි වෙලා එක්තරා පර්වතයක් පාමුල ඍෂිවරුන් පන්සියයක් සමඟ වාසය කළා. ඔය කාලේ හිමාලයේ දැඩි නියඟයක් ඇති වුණා. තැන් තැන්වල තිබුනු දිය විල්, දිය කඩිති සිඳී ගියා. වනයේ සිටින සතුන් පානය කරන්ට පැන් නැතිවීම නිසා බොහෝ සෙයින් මලානිකව ගියා. ක්ලාන්තයෙන් වාසය කළා. එතැන හිටිය තාපසයෙක් මොවුන්ගේ පිපාස දුක දැකලා මහත් සේ කම්පාවට පත් වුණා. මේ තාපසයා එක් ගසක් කපලා ඇතුල සාරලා ඔරුවක් වගේ පිළියෙල කළා. පැන් ගෙනත් ගෙනත් ඒ දෙණ පිරෙව්වා. වන සතුන්ට බොන්ට සැලැස්සුවා. බොහෝ සත්තු ඇවිත් පැන් බීම නිසා නැවත නැවතත් පැන් පුරවන්ට සිද්ධ වුනා. මේ හේතුව නිසා තාපසයාට පලවැල සොයා යන්ටත් බැරිවුණා. මොහු නිරාහාරව ඉඳගෙනත් පැන් ගෙනැවිත් දුන්නා. එතකොට පැන් බොන්ට එන වල්සත්තු මෙහෙම සිතුවා. "හපොයි.... හපොයි.... මේ තාපසින්නාන්සේ අපට බොන්ට පැන් දෙන්ට ගොහින් තමන්ට උවමනා පලවැල සොයාගන්ට බැරි වුනා නොවැ. ආහාර නොලැබීමෙන් උන්නාන්සේත් ක්ලාන්ත වෙලා නොවැ. අපි මෙහෙම කතිකාවක් ඇති කරගනිමු. මෙතැන් පටන් පැන් බොන්ට එද්දී පුළු පුළුවන් හැටියට මොනවා හරි පලවැලක් රැගෙන එන්ට ඕනෑ" කියලා.

එදා පටන් එක් එක් වල් සතා තම තමන්ගේ හැකියාව අනුව අඹ, දඹ, වැල, වරකා ආදිය ගේන්ට පටන් ගත්තා. තනි තාපසයෙකුට ඔවුන් ගෙනා පලතුරු කරත්ත දෙසිය පනහකට පුරවන්ට තරම් ඇති වුණා. එතකොට ඒ තාපසයා පලතුරු හැමදෙයක් ම පන්සියයක් තාපසවරුන්ටත් දුන්නා. ඔවුන් අනුභව කොට ඉතිරි වූ

පලතුරු ඉවත දමන්ටත් සිදු වුණා. මේ අද්භූත දෙය දුටු බෝධිසත්වයෝ මෙහෙම සිතුවා. "මේ වත් පිළිවෙත් සම්පන්න එක්කෙනෙක් ම නිසා ලැබුණ පලවැල පන්සියයක් තාපසයන්ට වැඩියත් එක්ක තිබුණා. වීරිය කියලා කියන්නේ ඒකාන්තයෙන් ම කළ යුතු දෙයක් ම යි කියලා මේ ගාථාව පැවසුවා.

වත පිළිවෙතෙහි අගය දන්නා
- නැණවතා ම යි වත් කරන්නේ
බැහැර කොට ඇති අලස බව ඔහු
- වීරියෙන් ම යි කල් ගෙවන්නේ
නොකඩවා කළ වීරියෙහි ඇති
- ඵලය හොඳහැටි බලාපන්නේ
තනි අයෙකු හට ගෙනා පලතුරු
- දැන් හැමෝට ම බෙදා කන්නේ

තාපසවරුන් පන්සිය දෙනාට ගෙනා පලතුරු නොවෙයි මේ. තනි පුද්ගලයෙකු නොකඩවා කළ සේවාවෙන් ලැබුණු ඵලයක් ලෙස ඔහුට ම යි මෙය ලැබුණේ. මේ වල්සතුන් කෙළෙහිගුණ දැක්වීමේ අදහසින් තමයි අඹ, දඹ ආදී පලවැල ගෙනැවිත් තියෙන්නේ. දැන් හැමෝට ම ප්‍රත්‍යක්ෂ වශයෙන් උත්සාහයේ ප්‍රතිඵල දැකබලාගන්ට පුළුවනි" කියලා ඒ බෝසත් තාපසයා අවවාද කළා.

එදා තනියම වත් සැපයූ තාපසයා අදත් තනියම වත් කරන මේ භික්ෂුව ම යි. එදා ප්‍රධාන තාපසයාව සිටියේ මම"යි කියා භාග්‍යවතුන් වහන්සේ මේ ජාතකය නිමවා වදාළා.

05. කටාහක ජාතකය

තමන් ගැන බොරු පුරසාරම් දෙඩූ කටාහකගේ කථාව

පින්වතුනේ, පින්වත් දරුවනේ,

මේ කාලෙත් බොරු පුරසාරම් දොඩන ලාමක මිනිසුන් ඉන්නවා. 'අසවලා මගේ ළඟ ම ඥාතීන්, අසවල් අසවල් සම්පත් අපට තියෙනවා' ආදී වශයෙන් බොරු පුරසාරම් දොඩමින් පිරිස අතර කැපී පෙනෙන්ට ආසා කරනවා. මෙයත් එබඳු කතාවක්.

ඒ කාලේ අපගේ භාග්‍යවතුන් වහන්සේ වැඩ වාසය කළේ සැවැත් නුවර ජේතවනයේ. ඈත පළාතකින් ආ දුප්පත් තරුණයෙක් බුදු සසුනේ පැවිදි වුනා. ටික දවසක් යද්දී තමන් මහා ධනවත් සිටු පවුලකින් ආ බවත් අසවල් අසවල් අය තමන්ගේ ඥාතීන් බවත් කියමින් නිතර මහා ඉහළින් තමන් ගැන පුරසාරම් දෙඩුවා. එතකොට වෙනත් භික්ෂුවක් ඒ පළාතට ගිහින් අර භික්ෂුවගේ සැබෑ තොරතුරු සොයා ගෙන විත් භික්ෂූන්ට පැවසුවා. දම්සභා මණ්ඩපයේ රැස් වූ භික්ෂූන් වහන්සේලා පිළිගැනීමක් අපේක්ෂාවෙන් බොරු පුරසාරම් දෙඩූ භික්ෂුව ගැන අප්‍රසාදයෙන් කතා කරමින් සිටියා. ඒ අවස්ථාවේ භාග්‍යවතුන් වහන්සේ එතැනට වැඩම කොට පනවන ලද ආසනයෙහි වැඩ හිඳ වදාළා. භික්ෂූන් වහන්සේලා තමන්

කතාබස් කරමින් සිටි කරුණ භාග්‍යවතුන් වහන්සේට සැළකළා. භාග්‍යවතුන් වහන්සේ මෙසේ වදාළා.

"මහණෙනි, ඔය භික්ෂුව බොරු පුරසාරම් දෙඩුවේ මේ ආත්මේ විතරක් නොවෙයි. කලින් ආත්මෙකත් ඔය විදිහට ම වැඩ කළා" කියලා භාග්‍යවතුන් වහන්සේ මේ ජාතකය වදාළා.

"මහණෙනි, ගොඩාක් ඉස්සර කාලෙක බරණැස බ්‍රහ්මදත්ත නම් රජ්ජුරු කෙනෙකුන් රාජ්‍ය කරමින් සිටියා. ඔය කාලේ මහා බෝධිසත්වයෝ මහා ධනවත් සිටුවරයෙක් ව බරණැස වාසය කළා. සිටුදේවියට පුත්කුමාරයෙක් උපන්න දවසේ සිටුගෙදර දාසියත් පුතෙකු බිහිකළා. මේ දරුවන් දෙන්නා ම එකට ඇතිදැඩි වුණා. සිටුපුත්‍රයා අකුරු ලියන්ට පුවරුව අරගෙන පුරුදු වෙද්දී දාසි පුත්‍රයාත් පුවරුවක් ඔසොවාගෙන එතැනට ගොහින් තමාත් අකුරු ලියන්ට පටන් ගත්තා. ටිකෙන් ටික මේ දරු දෙදෙනා වියපත් වුනා. දාසි පුත්‍රයාගේ නම කටාහක. ඔහුට සිටුමැදුරේ භාණ්ඩාගාරික කටයුතු කරන්ට ලැබුණා. දවසක් කටාහක මෙහෙම හිතුවා.

'මෙයාලා මාව හැමදාම සිටුගෙදර ගබඩාවේ කටයුතුවලට දාලා තියන එකක් නෑ. මගෙන් පොඩි වරදක් වුණොත් මට තලලා, මාව බැඳලා, ඇගේ සලකුණු කොටලා දාස තත්වයට පත් කළ දාසයෙකු හැටියට ම වැඩට තබා ගනීවි. අපේ සිටුතුමාගේ මිත්‍රසිටුවරු ඈත පළාත්වල ඉන්නවා නොවැ. සිටුතුමා ලියන හැටියට ලියුමක් ලියාගෙන සිටුතුමාගේ මුද්‍රාවත් තබවාගෙන සිටු පුත්‍රයෙක් හැටියට යන්ට ඕනෑ. ඒ සිටුවරයාගේ දුවකුත් සහේට අරගෙන මගේ පාඩුවේ ජීවත්වෙන්ට ඕනෑ' කියලා.

ඉතින් මේ කටාහක තමන් ම රහසේ ලියුමක්

ලියාගෙන හොරෙන් ම සිටුතුමාගේ මුද්‍රාවත් තබාගෙන තමන්ට වියහියදමුත්, සිටුතුමාට ගැලපෙන තෑගිභෝගත් අරගෙන ඈත පිටිසර පළාතක සිටුගෙදරකට ගියා. ඒ සිටුතුමා තමා කොහේ සිට ආ කෙනෙක් ද කියලා ඇහුවා.

"සිටුතුමනි.... මං බරණැස සිටුතුමාගේ පුත්‍රයෙක්. මං අපේ පියාණන්ගෙන් ලියුමක් අරගෙන ආවා" කියලා තමා හොරාට ලියාගෙන ආ සංදේශය සිටුතුමාට දුන්නා. සිටුතුමා ලිපිය කියෙව්වා.

"ප්‍රියාදර සිටුවරය, මේ මගේ කටාහක නමැති පුත්‍රයා ය. මොහු ඉතා හොඳින් අධ්‍යාපනය ලබා සියලුම කටයුතුවලට දක්ෂව සිටියි. අප දෙදෙනාගේ මිත්‍රත්වය තහවුරු වීම පිණිස මාගේ පුත්‍රයා ඔබ වෙත එවමි. ඔබගේ සිටුදූවක මොහුට සරණපාවා දී අවශ්‍ය වගකීම් ද පවරනු මැනව. යථාකාලයේ ඔබ දැකීමට මම පැමිණෙමි. මෙයට, බරණැස සිටුතුමා"

මේ සංදේශය කියවූ පිටිසර සිටුතුමාට සතුටු කඳුළු මතුවුනා. "පුත්‍රය.... මට හරිම සතුටුයි. බරණැස සිටුතුමා වැනි මහා සම්භාවනීය පවුලකට එකතුවෙන්ට ලැබීම අපේ මහා භාග්‍යයක්. ඉක්මනින් ම විවාහ කටයුතු සිදු කරන්ට ඕනෑ" කියල තමන්ගේ සුරූපී දියණියවත් සරණපාවා දුන්නා. මේ ක්‍රමයෙන් කටාහකට ලොකු යසපිරිවකුත් ලැබුණා. එතකොට මොහුට තමන් කාගේ කව්ද කියලා අමතක වුණා. මොහු කෑඳබත් අනුභව කරන්ට ගිය තැන්දී මෙහෙම අහනවා "හාපෝ.... මේවා ද කැඳ? මේවා ද බත්.... හානේ මෙහේ කැවිලිවල හැටි! අයියෝ පිටිසර කෑමවල හැටි හැබෑට!" කියමින් ආහාර පානයන්ටත් ගරහනවා. මිනිසුන් අඳින ඇඳුම්වලටත් ගරහනවා. 'අනේ මේ පිටිසර ගොයියලා හරියට ඇඳුමක් අඳින්ට, සලුවක් පොරොවන්ට දන්නෑ නොවැ. මල්

මාලාවක් පිළිවෙළකට ගොතාගන්ට බෑ නොවැ' කියමින් ඒ සෑම කටයුත්තක් ම කරන අයට ගරහනවා.

බෝසත් සිටුතුමා තම දාසීපුත්‍රයා දැකගන්ට නැතිව ඔහු ගැන "කෝ කටාහකයා පේන්ට නැත්තේ මොකොද? කොහේ ගිහින් ද? ඔහු කොහේ ගිහින් ද, මොකද වුණේ කියලා සොයා බලන්ට" කියා මිනිසුන්ව යෙදෙව්වා. ඔවුන් අතරින් මිනිසෙක් වෙස් වළාගෙන ගිහින් කටාහක ඉන්න තැනත් ඔහු සිටුකුමාරයෙකුගේ වේශයෙන් ගත කරන ජීවිතයත් සොයාගෙන බෝසත් සිටුතුමා වෙත ඇවිත් සියල්ල කියා සිටියා.

"හප්පේ... මේ යෝදයා මහා බරපතල වරදක් නොවැ කරලා තියෙන්නේ... කෝකටත් මාත් ඒ පැත්තේ ගිහින් එන්ට ඕනෑ කියලා රජ්ජුරුවන්ට දැනුම් දීලා නිවාඩු අරගෙන මහත් පිරිවර සමඟ පිටත් වුණා. බරණැස් සිටුවරයා පිටිසර සංචාරයක යෙදුණා කියලා හැමතැන ම ආරංචිය පැතිරුණා. කටාහකයාටත් මෙය දැනගන්ට ලැබුණා. "අපෙ අප්පෝ... ආයේ දෙකක් නෑ... මං ගැන ආරංචි වෙලා වෙන්ට ඕනෑ. වෙන කාරණයකට ද මේ පළාතට සැපත් වෙන්ට හේතුවක් නෑ නොවැ... බැරි වෙලාවත් මං පැනලා ගියොත් ආයෙ මේ පැත්ත පළාතට මට එන්ට ලැබෙන එකක් නෑ... ම්... හරි... මට උපායක් මතක් වුණා. සිටුතුමා මගේ ස්වාමියා නොවැ. මං පෙර ගමන් ගොහින් දාසයෙක් වගේ ඇප උපස්ථාන කොරලා උන්නාන්සේව සතුටු කරවා පහදවාගන්ට ඕනෑ. එතකොට මේ අර්බුදේ විසඳාගන්ට බැරිවෙන එකක් නෑ" කියලා සිතුවා.

එතැන් පටන් මොහු පිරිස් මැද්දේ මෙහෙම කියනවා. "ඔහේලා දන්නවා නේ.... මව්පියන්ගේ ගුණ නොදන්න අන්ධබාල මෝඩ දරුවෝ තම දෙමාපියන් භෝජන අනුභව කරද්දී ඔවුනුත් සමග එකට කෑම කනවා.

හාපෝ.... අපි නම් එහෙම කරන්නේ නෑ. මව්පියන් අනුභව කරද්දී වෙන කාටවත් නොදී අපි ම යි උපස්ථාන කරන්නේ. අපි ම යි අත් සෝදන්ට පඩික්කම අල්ලන්නේ. අපි ම යි පැන් පිළිගන්වන්නේ, පවන් සලන්නේ. වැසිකිළි යද්දී අපි තමයි වතුර බඳුන අරගෙන යන්නේ" කියලා දාසයෙකු විසින් ස්වාමියාට කළයුතු සියලු වැඩ ගැන කිව්වා. එතකොට මිනිස්සු 'හප්පේ සිටුමැඳුරුවල හැදෙන කුමාරවරු එතරම් ම සේවා කරනවා ද' කියලා මහත් පුදුමයට පත් වුණා.

බෝධිසත්වයෝ පිටිසර සිටුමැඳුර ඇති පළාතට ළං වෙද්දී කටාහක ගිහින් තම මාමණ්ඩිය වන සිටුතුමාට මෙය පැවසුවා.

"පියාණනි.... මාගේ පියාණන් වහන්සේ ඔබතුමාව බැහැදකින්ට නොවැ එන්නේ. ඔබතුමා ආහාරපාන ආදී සංග්‍රහ කටයුතු සොයා බලන්ට. මං දරුවා නොවැ. මං වේලාසනින් ගොහින් පඩුරු පාක්කුඩම් පිළිගන්වා පෙරමග ගමන් කරන්නම්." "බොහෝම හොඳයි පුත්‍රය" කියලා සිටුතුමා පිළිතුරු දුන්නා. කටාහකයා බොහෝ තෑගිබෝග අරගෙන තම සිටුතුමාව පිළිගැනීමට ගියා. ගිහින් වන්දනා කරලා තෑගිබෝග දුන්නා. බෝධිසත්වයෝ තෑගිබෝග පිළිඅරගෙන ඔහු සමඟ පිළිසඳර කතා කළා. එදා උදේ කඳවුරේ නැවතිලා වැසිකිළි කරන්ට ආවරණ ස්ථානයකට ගියා. කටාහකයා තමන්ගේ පිරිසව නවත්තලා තමන් ම දිය බඳුන අරගෙන බෝසතාණන්ට දුන්නා. දියකිස අවසන් වුණාට පස්සේ දෙපා මත වැටී වැඳගෙන මෙහෙම කිව්වා "අනේ ස්වාමීනී, මේ ඔබවහන්සේගේ දාසයාට අනුකම්පා කරන සේක්වා! ඔබවහන්සේ යම්තාක් වස්තුව කැමැති සේක් ද, මං ඒ හැම දෙයක් ම දෙන්නම්.... අනේ මගේ මේ යස සම්පත්

නැති කරන්ට නම් එපා!" බෝධිසත්වයොත් මොහුගේ කීකරු වත් සැපයීම ගැන සතුටු වුණා.

"හරි.... හරි.... භය ගන්ට කාරි නෑ. මගෙන් නුඹට අන්තරායක් වෙන්නේ නෑ" කියලා සැනසිලි වදන් පැවසුවා. ඒ පිටිසර නගරේ දී බෝසතුන්ට මහත් සත්කාර ලැබුණා. කටාහකත් සිටුතුමාට දාසයෙකුගෙන් විය යුතු හැම සේවයක් ම ලබා දුන්නා.

බෝසත් සිටුතුමා සමග විවේකයෙන් කතාබහ කරමින් සිටිනා අතරේ පිටිසර සිටුතුමා මෙහෙම කිව්වා. "මහා සිටුවරය, තමුන්නාන්සේ මට එවාපු සංදේශය නිසයි මං තමුන්නාන්සේගේ පුත්රුවනට මාගේ දියණිය සරණපාවා දුන්නේ"

"ඔව්.... ඔව්.... එහෙම කරපු එක බොහොම හොඳයි නොවැ. දැන් අපගේ පුත්‍රයාත් සතුටින් ඉන්න බව පේනවා" කියලා බෝධිසත්වයෝ එයට ගැළපෙන පිළිතුරු දීලා සිටුතුමාව සතුටු කෙරෙව්වා. එදා පටන් කටාහකයා ඉහළ ගියා. ඔහුගේ මුහුණ බලන්ටවත් කව්රුත් දක්ෂ වුණේ නෑ. එතරම් ම තේජස්වී පෙනුමක් ඇති කරගත්තා.

දවසක් බෝධිසත්වයෝ සිටුදුව කැඳවා මෙහෙම කිව්වා. "මෙහෙ වරෙන් මයෙ දුවේ.... මගේ හිසේ උකුණෝ බලාපන්" ඉතින් සිටුදුව ඇවිදින් මහසිටුතුමාගේ හිසේ උකුණන් බලන අතරේ මහසිටුතුමා මෙහෙම ඇහැව්වා. "ඉතින් දුවේ.... මාගේ පුත්‍රයාත් සමග සැප දුක් මැද අප්‍රමාදී ගුණයෙන් යුතුව දෙන්නා ම සතුටින් සමාදානයෙන් වාසය කරනවා නේද?"

"පියාණනි.... සිටුපුත්‍රයාගේ වෙනත් දෝෂයක් නම් නෑ.... නමුත්.... ආහාර පාන ආදියට නම් හරියට තළා පෙළා කතා කරනවා"

"දරුවෝ.... ඒක හරි වැඩක් නොවැ. එහෙම වුණොත් හැම තිස්සේ ම දුකසේ ඉන්ට වෙනවා. මං නුඹට අපේ පුත්‍රයාගේ කට බඳින මන්තරයක් දෙන්නම්. මේක හොඳ හැටියට මතක තියාගනින්. අපේ පුත්‍රයා ආහාරපානයන්ට ගරහන්ට ලේස්ති වෙනකොට ම මේ මන්තරේ ඔහු ඉදිරියේ කියාපං" කියලා ගාථාවක් ඉගැන්නුවා. මහසිටුතුමා ටික දවසක් එහේ වාසය කරලා නැවත බරණැස පිටත් වුනා. කටාහකත් පසු ගමන් ගිහින් සිටුතුමාට ඉතා හොඳින් සත්කාර සම්මාන සංග්‍රහ පැවැත්තුවා.

එක දවසක් සිටුගෙදර ප්‍රණීත භෝජන සකස් කොට කටාහකට පිළිගැන්නුවා. කටාහකයා ආහාරවලට ගරහන්ට ලේස්ති වුණා විතරයි. සිටුදියණිය බෝසතුන්ගෙන් ඉගෙන ගත් ගාථාව මෙහෙම කිව්වා.

තමන් සිටිය තැනට හොරෙන් පිටිසරකට ඔහු ගියා
එහිදි හුවා දක්වයි හේ පුරසාරම් කිය කියා
සිටුවරයා ආ විට වැඳ වැටුණා බේරන්නට කියා
එනිසා කටාහක ඔබ දැන් කන්න කිසිත් නොම කියා

එතකොට ම කටාහකයා නිශ්ශබ්ද වුනා. "ම්... මගේ සැබෑ විස්තර සිටුදුව දැනගෙන වගෙයි. ඒකාන්තයෙන් ම මගේ නම නොකියා සියලු විස්තර අපේ සිටුතුමා මෙයාට කියලා වගෙයි" කියලා එදා පටන් කෑමට ගරහන්ට භය වුණා. නිහතමානී වෙලා ලැබෙන දෙයක් කාලා පාඩුවේ සිටියා.

එදා කටාහක වෙලා පුරසාරම් දොඩමින් සිටියේ අදත් පුරසාරම් දොඩමින් සිටින මේ භික්ෂුව යි. බරණැස් සිටුවරයා වෙලා සිටියේ මම"යි කියා භාග්‍යවතුන් වහන්සේ මෙම ජාතකය නිමවා වදාළා.

06. අසිලක්ඛණ ජාතකය

කඩුව සිඟ අනාවැකි කිවූ බමුණාගේ කථාව

පින්වතුනේ, පින්වත් දරුවනේ,

අතීත කාලේ අනාවැකි කියන එක එක ක්‍රම තිබිලා තියෙනවා. ඒ අතර කඩුවක් ලැබුණ විට ඒ කඩුවෙන් තමන්ට මොන වගේ ජයක් ලැබෙනවා ද යනාදී දේ කියා තියෙනවා. මෙයත් එබඳු කතාවක්.

ඒ කාලේ අපගේ භාග්‍යවතුන් වහන්සේ වැඩ වාසය කළේ සැවැත්නුවර ජේතවනයේ. ඔය කාලේ කොසොල් රජ්ජුරුවන්ට සේවය කරන එක්තරා බ්‍රාහ්මණයෙක් සිටියා. ඕනෑම කඩුවක් ඔහු ළඟට ගෙනා විට ඒ කඩුව සිඟ අනාවැකි කියන්ට පුළුවනි. නොයෙක් කම්මල්කරුවන් කඩු ගෙනාවිට කෙලින් ම යවන්නේ ඔහු ළඟටයි. ඔහු ඒ කඩු ගැන අනාවැකි කියනවා. ඒ බ්‍රාහ්මණයා යමෙකුන්ගේ අතින් පුද පඬුරු ලබයි ද, ඔවුන්ගේ කඩු ඉතා හොඳ බවත්, මංගල ගුණයන්ගෙන් යුක්ත බවත් පවසනවා. යමෙකුන්ගෙන් මොහුට අල්ලස් නොලැබේ නම් ඔවුන්ගේ කඩු කිසිදු ගුණයකින් තොරය කියා ගරහනවා. මේ ගැන කම්මල්කරුවන් බලවත් අප්‍රසාදයෙන් සිටියේ.

දවසක් එක් කම්මල්කරුවෙක් ඉතා සිනිඳුවට මිරිස් කුඩු තැවරූ කඩුවක් රජ්ජුරුවන්ට ඉදිරිපත්

කළා. රජ්ජුරුවෝ බමුණා කැඳවා මේ කඩුවේ සුභාසුභ විමසන්න කිව්වා. බ්‍රාහ්මණයාත් කඩුව ඔසොවා නාසයට තබා සිඹිද්දී නාසයට මිරිස්කුඩු ගියා. කඩුව ඉවත් කරන්ට කලින් කිවිසුමක් ගියා. කඩුවේ මුවහත ඉතාමත් සියුම් ව තිබුණ නිසා ඔහුගේ නාසය දෙකට කැපුණා. බ්‍රාහ්මණයාගේ නාසය කැපී වෙන් වී ගිය බව හැම තැනට ම ආරංචි වුණා. භික්ෂූන්ටත් දැන ගන්ට ලැබුණා. දම්සභා මණ්ඩපයේ රැස් වූ භික්ෂූන් වහන්සේලා මේ ගැන කතා කරන්ට පටන් ගත්තා.

"ඒකයැ ඇවැත්නි, කඩු ලක්ෂණ පවසන බ්‍රාහ්මණයාට හරි ඇබැද්දියක් වෙලාලු නේද? කඩුවක සලකුණු සුභ අසුභ බලන්ට ගොහින් උන්දැට කිවිසුමක් ගොහින්. නාසය දෙකට ම කැපුණාලු." ඒ අවස්ථාවේ භාග්‍යවතුන් වහන්සේ එතැනට වැඩමකොට පනවන ලද ආසනයේ වැඩ හිඳ වදාළා. භික්ෂූන් වහන්සේලා තමන් කතා කරමින් සිටි කරුණ භාග්‍යවතුන් වහන්සේට සැලකළා.

"මහණෙනි, ඔය බ්‍රාහ්මණයා කඩු සිඹින්න ගිහින් මේ ආත්මේ විතරක් නොවේ නාසය කපා ගත්තේ. මීට කලිනුත් ඔහොම වෙලා තියෙනවා" කියා මේ ජාතකය වදාළා.

මහණෙනි, ගොඩාක් ඉස්සර කාලෙක බ්‍රහ්මදත්ත නම් රජෙක් බරණැස් පුරේ රාජ්‍ය කරමින් සිටියා. ඒ කාලේ බරණැස් රජ්ජුරුවන්ට කඩුව සිඹීමෙන් කඩුවේ සුභාසුභ ලකුණු කියන බ්‍රාහ්මණයෙක් හිටියා. ඔහුට අල්ලස් දුන් කෙනාගේ කඩුවට බොහෝ ප්‍රශංසා කළා. ඔහුට කිසිවක් නුදුන් අයගේ කඩු අවමන් කොට බැහැර කළා. දවසක්

කම්මල්කාරයෙක් ඉතා සියුම් වෙන්ට ඇඹරූ මිරිස් කුඩු කඩුවේ තවරලා රජ්ජුරුවෝ ළඟට ගෙනිච්චා. රජ්ජුරුවෝ බ්‍රාහ්මණයා කැඳවා කඩුවේ මංගල සලකුණු බලන්ට කිව්වා. මොහු කඩුව නාසයට තියලා සිම්බා විතරයි මිරිස් කුඩු ඇතුලට ගියා. ඒත් එක්කම කිවිසුමක් ගියා. බමුණාගේ නාසය දෙකට ම කැපී වෙන්වුනා. රජ්ජුරුවෝ වෛද්‍යවරුන් ළඟට පිටත් කරවා ඔහු සුවපත් කෙරෙව්වා. නාසයේ අඩු හරියට ඉටිවලින් නාසයක් කෙරෙව්වා. නැවත රාජ උපස්ථානයට ගත්තා.

බරණැස් රජ්ජුරුවන්ට පුත්‍රයෙක් නෑ. නමුත් එක දුවක් ඉන්නවා. ඒ වගේ ම තම සහෝදරියගේ පුත්‍රයෙකුත් ඉන්නවා. දෙන්නා ම එකට රාජමාළිගාවේ වැඩුනේ. කලක් යද්දී කුඩා අවදියේ ම දෙන්නාට දෙන්නා පිළිබඳ සිත් ඇති කරගත්තා. රජ්ජුරුවොත් මේ සම්බන්ධෙට කැමති වුනා. ආයෙමත් මෙහෙම සිතුවා. 'මගේ සහෝදරියගේ පුත්‍රයා හැම අතින් ම මට ඥාතියෙක් නොවැ. ඒ නිසා මොහුට වෙනත් රාජ දුවක් බන්දලා දෙනවා. මගේ දියණියව වෙනත් රජෙකුට සරණපාවා දෙනවා. එතකොට මට බොහෝ ඥාති පිරිසක් ලැබෙනවා. ඒ හැමෝගේ ම ප්‍රධාන ස්වාමියා වෙන්නේ මං නොවැ" කියලා.

රජ්ජුරුවෝ ඇමතිවරුන්ට මේ ගැන කියලා දෙන්නා එකට තියෙන එක වෙනස් කළා. රාජ දියණිය වෙන තැනකත්, සහෝදරියගේ පුත්‍රයා වෙන තැනකත් වාසය කෙරෙව්වා. මේ දෙන්නා සිටින තැන් වෙනස් වුණාට ඔවුන්ගේ සම්බන්ධය නැති වුණේ නෑ.

රාජකුමාරයා මේ ප්‍රශ්නෙන් මිදී රාජකුමාරිය තමන්ට ලබාගන්ට උපායක් කල්පනා කළා. දවසක්

මොහු රජ්ජුරුවන්ගේ මහා නිමිති කියන්නී හොරෙන් මුණ ගැසුණා. ඇයගේ අතේ රන් කහවණු දහසින් බැඳි පියල්ලක් තිබ්බා. "කුමාරය, මගෙන් මොනාද කෙරෙන්ට ඕනෑ..?"

"මෑණියනි.... නුඹේ අතේ තමයි මගේ මේ කාරණයට නිසි උපකාරය තියෙන්නේ. මොනවා හරි කරලා මගේ රාජකුමාරිව මාළිගයේ ඇතුළු ගෙයින් එළියට ගන්ට ඕනෑ. එහෙම කරන්ට පුළුවන් ද?"

"ස්වාමී.... හොඳයි.... මං මෙහෙම කරන්නම්.... රජ්ජුරුවන්ට ගිහින් මෙහෙම කියන්නම්. 'දේවයන් වහන්ස, රාජකුමාරිට භයානක යකෙක් රිංගලා තියෙනවා. ඒ යකා ඇගේ ඉන්න කල් කාටවත් ම ඈව බලන්ට හොඳ නෑ. මෙපමණ කාලයක් ඒ දිෂ්ටිය බලපානවා. අසවල් දවසට මම රාජකුමාරිව රථයට නංවලා කඩුගත් අත් ඇති බොහෝ පුරුෂයන් පිරිවරාගෙන අමුසොහොනට ගෙනියන්ට ඕනෑ. රවුම් පීඨිකාවක් තනවලා ඊට යටින් අමු සොහොනේ දමාපු මළ මිණියක් තියන්ට ඕනෑ. පීඨිකාව උඩ රාජකුමාරිව තියන්ට ඕනෑ. මතුරපු සුවඳ පැන් කළගෙඩි එකසිය අටකින් ඈව නාවන්ට ඕනෑ. ඇඟට රිංගපු අමනුස්සයාව ඔය විදිහට බැහැර කරවන්ට ඕනෑ' කියලා මං රාජකුමාරිව වඩම්මාගෙන එන්නම්. එතකොට තමුන්නාන්සේ අපි එන්ට කලියෙන් එතැනට එන්ට ඕනෑ. ඒ මෙහෙමයි, සියුම් වෙන්ට සැකසූ මිරිස් කුඩු ටිකක් ළඟ තියාගන්ට ඕනෑ. ආයුධ ගත් අත් ඇති තමන්ගේ මිනිසුන් සමඟ ගොසින් තමුන්නාන්සේගේ රථය සඟවා මිනිසුන්වත් සඟවන්ට ඕනෑ. රවුම් පීඨිකාව යටින් මළකඳක් වගේ රෙද්දකින් වසාගෙන ඉන්ට ඕනෑ. අපි කුමාරිව පීඨිකාවේ හාන්සි කරවා නාවන්ට සූදානම්

වූ විට මිරිස් කුඩු ටිකක් නාසයට උරාගෙන මහා හඬින් කිවිසුම් කරන්ට ඕනෑ. එතකොට අපි කුමාරිව දාලා පැනලා යන්නම්. ඉතිරි ටික ඕං තමුන්නාන්සේගේ අතේ!" කුමාරයාත් ඒ උපාය නම් හරි අගෙයි කියා සතුටු වුණා.

නිමිති කියන මාතාව රජ්ජුරුවන්ව බැහැ දැක මේ ඒරාෂ්ඨකයෙන් රාජකුමාරියගේ ඇඟට ආපු භයානක දිෂ්ටිය ගැන කියා හිටියා. රජ්ජුරුවෝ හොඳට ම භය වෙලා ඊට අවසර දුන්නා. රාජ දියණියටත් එය දැනුම් දුන්නා. ඈත් එයට එකඟ වුනා. ඈ සොහොනට රැගෙන යන දවස කුමාරයාට හොරෙන් දැනුම් දුන්නා. නිමිති මාතා තමා සමඟ යන පිරිස භය කරවන්ට මෙහෙම කිව්වා. "මං කුමාරිව රවුම් පීඨිකාවේ තිබ්බාට පස්සේ යට තියෙන මළකඳ මහා ශබ්දෙට කිවිසුම් අරින්ට පුළුවනි. ඒ මළකුණ පළමුවෙන් දකින කෙනාව යි බිල්ලට ගන්නේ. ඒ නිසා මළකඳට නම් මුලිච්චි වෙන්ට එපා ඕං!"

රාජ කුමාරයා වේලාසනින් ගිහින් මළකඳක් වගේ නිදාගත්තා. නිමිති මැණියෝ රාජකුමාරිව කැඳවාගෙන ඇවිත් 'කිසිම භයක් ඇති කරගන්ට කාරි නෑ' කියලා පීඨිකාවෙන් තිබ්බා. කුමාරයා මිරිස් කුඩු ස්වල්පයක් නාහෙට දමාගෙන අමුසොහොන දෙදරුම් කන්ට කිවිසුමක් පිට කළා විතරයි නිමිතිමැණියෝ "මයෙ අම්මෝ.... අපි ඉවරෝ.... යකා ආවෝ.... දුවපියෝ...." කියල දුවන්ට පටන් ගත්තා. ඈ පලාගිය වේලේ පටන් වෙන කාටවත් ධෛර්යයෙන් ඉන්ට බැරිව ගියා. අතට ගත් ආයුධත් දාලා පැනලා ගියා. කුමාරයා හනිකට රාජකුමාරිව රථයේ නංවාගෙන තමන්ගේ නිවසට පලාගියා. නිමිතිමැණියෝ කෙලින් ම රජගෙට දිව්වා. කාරණය කියා සිටියා. රජ්ජුරුවෝ මෙහෙම කිව්වා.

"මං කලින් ම දන්නවා. කිරිබතට දමාපු ගිතෙල් වගේ දෙන්නා ඉන්නේ" කියලා සහෝදරියගේ පුත්‍රයාට රාජ්‍ය දුන්නා. සිය දියණියව අගබිසොව කෙරෙව්වා. මේ නවක රජතුමාත් දැහැමිව රාජ්‍ය කළා. ඒ රජතුමාත් පැරණි කඩු ලක්ෂණ බමුණා ම ඒ තනතුරේ තිබ්බා. දවසක් රජ්ජුරුවන්ට උපස්ථානයට ආ බ්‍රාහ්මණයාට කිසියම් කරුණකට දැඩි අව්රශ්මියේ ඉන්ට සිදු වුනා. ඉටි දියවී යාමෙන් නාසය ගැලවී වැටුනා. ඔහු ලැජ්ජාවෙන් බිම බලාගෙන සිටියා. රජ්ජුරුවෝ ඔහුට විහිළුවකට වගේ මෙහෙම කිව්වා. "ආචාර්යපාදයෙනි, ඕක එතරම් සිතන්ට දෙයක් නොවෙයි. මිරිස් කුඩු නාසයට වැදී කිවිසුම් යාම කෙනෙකුට මහත් පාඩුවක්. හැබැයි තවත් කෙනෙකුගේ වාසනාව. ඔබතුමාට කිවිසුම් යාමෙන් නාසය අහිමි වුණා. මට කිවිසුම් යාමෙන් රජදුවකුත් ලැබුණා. රජකමත් ලැබුණා" කියා මේ ගාථාව පැවසුවා.

එකම දෙයින් තව කෙනෙකුට හොඳ ම යි සිදුවන්නේ
ඒ දෙයින් ම තව කෙනෙකුට අවැඩක් ම ය වන්නේ
එනිසා සැම දේ සැමට ම නැත හොඳ සලසන්නේ
ඒ වගේ ම සැම දේ නැත හැමට පාඩු දෙන්නේ

එදා කඩුවේ ලකුණු කියූ බමුණා තමයි මෙදාත් ඒ රැකියාව ම කරන්නේ. එදා බරණැස් රජ්ජුරුවන්ගේ සහෝදරියගේ පුත්‍රයාව සිටියේ මම"යි කියා භාග්‍යවතුන් වහන්සේ මේ ජාතකය නිමවා වදාළා.

07. කලණ්ඩුක ජාතකය

තමා ගැන බොරු පුරසාරම් දෙඩූ කලණ්ඩුකගේ කථාව

පින්වතුනේ, පින්වත් දරුවනේ,

මෙයත් බොරු පුරසාරම් දොඩන්ට ගිහින් වෙච්චි ඇබැද්දියක්. ඒ කාලේ අපගේ භාග්‍යවතුන් වහන්සේ වැඩ වාසය කළේ සැවැත්නුවර ජේතවනයේ. ඈත පළාතකින් ඇවිත් සැවැත්නුවර පැවිදි වූ භික්ෂුවක් නිතරම තමන් ගැන, තමන්ගේ පවුල් පරම්පරාව ගැන, ගෙවල්වල කනබොන දේ ගැන හරියට පුරසාරම් දොඩනවා. දවසක් එක්තරා භික්ෂුවක් අර භික්ෂුවගේ ගම්පළාතේ ගොස් ඔහු පවසන කිසිම දෙයක් එහි නැති බව දැන ඔහුගේ සැබෑ තත්වය හෙළිදරව් කළා. දම්සභා මණ්ඩපයට රැස් වූ භික්ෂූන් වහන්සේලා මේ භික්ෂුවගේ ලාමක ස්වභාවය ගැන කතා කරමින් සිටියා. ඒ අවස්ථාවේ අපගේ භාග්‍යවතුන් වහන්සේ එතැනට වැඩම කොට පනවන ලද ආසනයේ වැඩ හිඳ වදාළා. භික්ෂූන් වහන්සේලා තමන් කතා කරමින් සිටිය කරුණ භාග්‍යවතුන් වහන්සේට වදාළා. භාග්‍යවතුන් වහන්සේ මෙසේ වදාළා.

"මහණෙනි, ඔය භික්ෂුව තමන් ගැන ලොකුවට හිතාගෙන පුරසාරම් දෙඩුවේ මේ ආත්මේ විතරක් නොවෙයි. මීට කලිනුත් ඔය වැඩේම කළා" කියා මේ

ජාතකය වදාළා.

"මහණෙනි, ගොඩාක් ඉස්සර කාලෙක බරණැස් නුවර බ්‍රහ්මදත්ත නමින් රජ්ජුරු කෙනෙක් රාජ්‍ය කරමින් සිටියා. ඒ කාලේ මහාබෝධිසත්වයෝ බරණැස් නුවර ම සිටුවරයෙක් ව සිටියා. මේ සිටුතුමාගේ බිරිඳට පුතෙක් උපන් දවසේ දාසියකටත් දරුවෙක් ලැබුණා. ඒ දාසීපුත්‍රයාට කලණ්ඩුක යන නම ලැබුණා. සිටුපුත්‍රයාත් දාසීපුත්‍රයාත් සිටු මාළිගයේ සුවසේ වැඩුණා.

මේ කලණ්ඩුක දාසීපුත්‍රයා සිටුගෙදර වැඩ කරමින් සිටියදී පලා ගියා. ඈත පිටිසර නගරයකට ගිහින් සිටුවරයෙකු මුණ ගැසී තමන් බරණැස් සිටුවරයාගේ පුත්‍රයෙකු බවත් සිටුතුමා තමාව එවූ බවත් සිටුදියණිය විවාහ කරදෙන මෙන් ඉල්ලා සිටින බවත් සඳහන් කොට ඇති බරණැස් සිටුතුමා නමින් හොර ලියැවිල්ලක් ඉදිරිපත් කළා. පිටිසර නගරයේ සිටුතුමා බොහෝ සෙයින් සතුටු වී තමන්ගේ දියණිය විවාහ කොට දී බොහෝ සැපසම්පත් පිරිවර දුන්නා. බරණැස් සිටුතුමා තමන්ගේ අතුරුදහන් වූ කලණ්ඩක දාසීපුත්‍රයාව සෙවීමට තමා ළඟ ඇතිදැඩි කළ ගිරා පැටියෙක් ව පිටත් කළා. ගිරා පැටියාත් තැන් තැන්වල පියාඹා ගොස් කලණ්ඩුකයා ඉන්න නගරයටත් ආවා.

එදා කලණ්ඩුක ජලක්‍රීඩා කිරීම පිණිස බොහෝ මල් සුවඳ විලවුන් ආදියත් ආහාරපාන ආදියත් ගෙන්වාගෙන නදියට ගිහින් හිටියේ. සිටු දුවත් මොහු සමඟ ගියා. මොවුන් ඔරුවක නැග නදිය මැදට ගොස් ජලක්‍රීඩා කළා. ඒ ප්‍රදේශයේ ඉසුරුමත් පවුල්වල කුලවන්තයින් ජලක්‍රීඩා කරද්දී ඉතා තියුණු ඖෂධයක් කැවූ කිරි පානය කරනවා.

එතකොට ඔවුන් දවස පුරාම වතුරේ සෙල්ලම් කළත් ඔවුන්ට සීතක් හෝ වෙහෙසක් දැනෙන්නේ නෑ. මේ කලණ්ඩුකයාත් ඒ කිරි උගුරක් බිව්වා. එක්වර මුළු උගුර කට වේළී ගියා. ඒ කිරි කාර කාර කෙළ ගසන්ට ගත්තා. කෙළ ගසද්දී වතුරට කෙළ ගසන්ට බැරි නිසා සිටුදියණියගේ හිසට කෙළ ගසන්ට පටන් ගත්තා.

බරණැස සිටුනිවසින් පිටත්ව ආ ගිරා පැටියා නදී තෙර දිඹුල් ගසක අත්තක වසා සිට මේ සියල්ල දෙස බලා සිටියා. ගිරවා කලණ්ඩුකයාව හඳුනා ගත්තා. උසස් කුලේ උපන් සිටුදියණියගේ හිස මතට කෙළ ගසනවා දැක්කා. දැකලා හයියෙන් මෙහෙම කිව්වා.

"අරේ.... කලණ්ඩුකයෝ.... අනේ දාසයෝ.... තෝ තමන්නේ ජාතියත්, තමන්ට නියමිත වාසයත් සිහිකරපිය. කිරි උගුරක් බීලා තොල කට වියලවාගෙන ඔය ජාතිසම්පන්න වූ වැදගත් පවුලක හැදුණු සුකොමාල සිටු දියණියගේ හිස මත කෙළ නොගසා ඉඳිං. තමන්ගේ පමණ දැන ගං" කියලා මේ ගාථාව පැවසුවා.

දාසියක ගෙ කුසේ උපන්
- තෝ තමන්නෙ තරම දැනං
- වාසය කරපන්
මමත් මගේ තිරිසන් බව
- දැනගෙන වැඩ කරනා බව
- තෝ දැනගන්
බෙහෙත් දාපු කිරි බීගත්
- කලණ්ඩුකය මෙවැනි වැරදි
- ආයෙත් කිසිවිට නොකරන්
තෝ කුදලා ගෙන යන්නට

- සිටුගෙදරින් පැමිණෙන බව
- සිතට ගනින්

මෙය අසා සිටිය කලණ්ඩුකයා ගිරා පැටියාව හඳුනා ගත්තා. තමන්ගේ සැබෑ තත්වය ප්‍රකට වූ නිසා හොඳටෝම භය වුණා. "අනේ මගේ ස්වාමී.... නුඹ කවද්ද ආවේ..?" කියලා කලණ්ඩුකයා ඇසුවා. ගිරා පැටියා මෙහෙම සිතුවා. "මේකා ඔය කතා කරන්නේ මට ආදරේට නොවේ. මාව ළඟට ඇන්න බෙල්ල කඩලා මරන්ටයි. හහ්.... මට තොගෙන් ඇති වැඩක් නෑ" කියලා ගිරා පැටියා අහසට පැන නැගී කෙලින් ම බරණැස සිටුගෙදර ගියා. ගිහින් මහසිටුතුමාට දුටු සෑම දෙයක් ම කිව්වා. සිටුතුමා කලණ්ඩුකයා බරපතල වරදක් නොවැ කරල තියෙන්නේ කියලා පිරිස යවා අත්අඩංගුවට ගෙන බරණැසට ගෙනාවා. අයෙමත් දාස තනතුරේ තිබ්බා.

එදා කලණ්ඩුකයාව සිටියේ ඔය පුරසාරම් දොඩන භික්ෂුවයි. බරණැස මහසිටුවරයාව සිටියේ මම"යි කියා භාග්‍යවතුන් වහන්සේ මේ ජාතකය නිමවා වදාළා.

08. බිළාරවත ජාතකය

හොරතපස් පෙන්නූ සිවලාගේ කථාව

පින්වතුනේ, පින්වත් දරුවනේ,

අපගේ භාග්‍යවතුන් වහන්සේ වැඩ සිටින කාලෙත් මිනිසුන්ට වංචා කොට කුහක කමින් ජීවත් වූ භික්ෂූන් සිටියා. මෙයත් එබඳු කතාවක්.

ඒ කාලේ අපගේ භාග්‍යවතුන් වහන්සේ සැවැත්නුවර ජේතවනයේ වැඩ සිටියේ. ඔය කාලෙම සැවැත්නුවර එක්තරා භික්ෂුවක් තමන් මහා සිල්වත් භික්ෂුවක් හැටියට පෙන්නා දෙමින් කුහක ජීවිතයක් ගෙව්වා. දම්සභා මණ්ඩපයට රැස් වූ භික්ෂූන් වහන්සේලා මේ භික්ෂුව ගැන අප්‍රසාදයෙන් යුක්තව කතා කරමින් සිටියා. ඒ අවස්ථාවේ අපගේ භාග්‍යවතුන් වහන්සේ එතැනට වැඩම කොට පනවන ලද අසනයේ වැඩ හිඳ වදාළා. භික්ෂූන් වහන්සේලා තමන් කතාකරමින් සිටිය කරුණ භාග්‍යවතුන් වහන්සේට සැළකළා. භාග්‍යවතුන් වහන්සේ මෙසේ වදාළා.

"මහණෙනි, ඔය තැනැත්තා නැති ගුණ පෙන්වමින් ලාභසත්කාර උපදවාගෙන කුහක ජීවිතයක් ගත කළේ මේ ආත්මයේ විතරක් නොවේ. මීට පෙර ආත්මයකත් ඔය ආකාරයෙන් ම ජීවත් වෙන්ට ගොසින් ලොකු කරදරේක

වැටුණා" කියා මේ ජාතකය වදාළා.

"මහණෙනි, ගොඩාක් ඉස්සර බරණැස්පුරේ බ්‍රහ්මදත්ත නමින් රජ්ජුරු කෙනෙක් රාජ්‍ය කරමින් සිටියා. ඔය කාලේ මහා බෝධිසත්වයෝ මී යෝනියේ ඉපදිලා සිටියේ. ඒ මීයා ලොකුමහත් වුණාට පස්සේ කුඩා ඌරු පැටියෙක් විතර වුණා. ඔහු නොයෙක් සිය ගණන් මී පිරිවර සහිතව මහවනාන්තරේ වාසය කළා.

දවසක් එක්තරා කපටි සිවලෙක් වනයේ ආහාර සොයමින් එහෙමෙහෙ ඇවිදිමින් සිටියදී මේ මී රැළ දැකලා මේ මීයන්ව රවටා භක්ෂණය කරන්ට ආශාවක් ඇති වුණා. ඉතින් ඒ සිවලා මීයන්ගේ වාසස්ථානයට නුදුරින් එක්තරා උදෑසනක හිරු දෙසට හැරී කටත් ඇරගෙන තනි කකුලෙන් සිටිගෙන සිටියා.

බෝසත් මීයා ගොදුරු සොයන්ට යද්දී මොහුව දැක්කා. "හෑ.... මේ ආකාරයට කල්ගෙවන මේ කෙනා නම් මහා සිල්වතෙක් වෙන්ට ඕනැ" කියලා කල්පනා කරලා එතැනට ගියා. මෙහෙම ඇසුවා. "හප්පේ.... ස්වාමීනී.... තමුන්නාන්සේ කව්ද?" "පින්වත, මට කියන්නේ දැහැමියා කියලයි" "ඉතින් දැහැමියාණෙනි.... ඔය මොකොද සතර පය ම බිම පිහිටාගන්නේ නැතිව තනි පයින් ඉන්නේ?" "මාගේ සතරපාදයෝ පොළෝ තලය මත තැබුවෝතින් මහ පොළොවට එය උහුලා ගන්ට බැරිව මහා ජංජාලයක් වෙනවා. ඒ නිසයි තනි කකුලෙන් ඉන්නේ" "අනේ.... හොඳා.... එතකොට තමුන්නාන්සේ මේ කට ඇරගෙන ඉන්නේ මොකෝ?" "මං වෙන මසක් මාංශයක් භක්ෂණය කොරන්නේ නෑ. හුළං තමයි මගේ ආහාරය. එතකොට මට හරී සනීපයි" "බොහොම අගෙයි.... එතකොට

තමුන්නාන්සේ සූරිය මණ්ඩලේ දිසාව හැරී ඉන්නේ මොකොද?" "ඔව්.... ඒක තමයි සූරිය දිව්‍යරාජයාට මං කරන නමස්කාරය"'

එතකොට බෝසත් මීයා ගොඩාක් සතුටු වුණා. මෙතුමා නම් මහා සිල්වතෙක් ය කියලා එතැන් පටන් ගරුසරු දක්වන්ට පටන් ගත්තා. දිනපතා මී රැළ පිරිවරාගෙන සිවලාට උපස්ථාන පිණිස උදේ සවස එන්ට පටන් ගත්තා. ඉතින් සිවලාට උපස්ථාන කොට මී පිරිස පිටත්ව යද්දී පස්සෙන් ම යන මීයාව කාටවත් නොදැනෙන්ට අල්ලාගෙන කාලා තොලකට පිහිදාගෙන නොදන්නවා වගේ ඉන්නවා. ක්‍රමයෙන් මී පිරිසේ අඩු වීමක් දකින්ට ලැබුනා. මීයෝ මේ ගැන කතාකරන්ට පටන් ගත්තා. "හෑ.... මිතුරනි.... කලින් මේ මී ගුහාවේ ඉන්ට හිටින්ට තැනක් නැති ගණනට මී පිරිස පිරිලා සිටියා නොවැ. දැන් නම් පැහැදිලි ව ම කිසියම් අඩුවක් පේන්ට තියෙනවා. මේකට කාරණේ මොකද්ද?" කියලා ඔවුන් බෝසත් මීයාට මෙය සැළකළා.

බෝසත් මීයා මේ ගැන සිතන්ට පටන් ගත්තා. "ම්.... මෙහෙම වුණේ කොහොම ද? එකත්එකට ම මේක සිල් අරගෙන වගේ ඉන්න අර සිවලාගේ වැඩක් වෙන්ට බැරිද? ඔව්.... මං මේක විමසන්ට ඕනැ" කියලා එදා සිවලාට උපස්ථානයට ගිහින් ආපහු එද්දී මී පිරිස ඉස්සරවෙලා යවලා බෝසත් මීයා අන්තිමේට ගියා. නිශ්ශබ්දව හුන් සිවලා එකපාරට ම බෝසත් මීයාව ඩැහැගන්ට පැන්නා. බෝසත් මීයා පස්සට පැනලා නැවතුණා. "ඕහෝ.... එම්බල සිවල.... තෝ සිල් ගත්තා වගේ සිටියේ ධර්මයකට ගරු කරන්ට නොවේ නේද. ධර්මය ධජයක් වගේ පෙරටු කොට තෝ වාසය කරන්නේ

අනුන්ට හිංසා කරන්ට නේද?" කියල මේ ගාථාව පැවසුවා.

"යමෙක් දහම ධජයක් සේ පෙරටු කරන් ඉන්නේ
ඒ ධජයට මුවාවෙලා පව් කරමින් ඉන්නේ
අන් අය එය අදහාගෙන ඔහුට ය රැවටෙන්නේ
කුහක වතින් හිඳගෙන ඔහු පව් රැස්කර ගන්නේ"

කියලා බෝසත් මීයා සිවලා මතට පැන්නා. සිවලාගේ හනුවට යටින් බෙල්ල සපා ගලනාලය කඩා ජීවිතක්ෂයට පත් කළා. මී පිරිස ඒ මැරුණු සිවලාව කා දමා යන්ට ගියා.

එතැන් පටන් මී පිරිස කිසි භයක් සැකක් නැතිව ඉතා සතුටින් ගත කළා. එදා හොර තපස් රැක්ක සිවලාව සිටියේ ඔය භික්ෂුවයි. මී රාජයාව සිටියේ මම"යි කියා භාග්‍යවතුන් වහන්සේ මේ ජාතකය නිමවා වදාළා.

09. අග්ගික ජාතකය
අග්ගික නමැති සිවලාගේ කථාව

පින්වතුනේ, පින්වත් දරුවනේ,

මෙයත් සැවැත්නුවර සිටි කුහක භික්ෂුවකගේ කතාවක්. ඒ කාලේ අපගේ භාග්‍යවතුන් වහන්සේ වැඩ වාසය කළේ සැවැත්නුවර ජේතවනයේ. දම් සභා මණ්ඩපයට රැස් වූ භික්ෂූන් වහන්සේලා සැවැත්නුවර වසන එක්තරා කුහක භික්ෂුවක් ගැන ඉතා අප්‍රසාදයෙන් කතා කරමින් සිටියා. ඒ අවස්ථාවේ එතැනට වැඩමවා වදාළ අපගේ භාග්‍යවතුන් වහන්සේ මේ ජාතකය වදාළා.

"මහණෙනි, ගොඩාක් ඉස්සර කාලෙක බරණැස්පුරේ බ්‍රහ්මදත්ත නම් රජ්ජුරු කෙනෙක් රාජ්‍ය කරමින් සිටියා. ඒ කාලේ මහා බෝධිසත්වයෝ මී යෝනියේ ඉපදිලා මහා මී රාජයෙක්ව සිටියා. ඔය කාලයේ ම වනාන්තරේක වාසය කළ සිවලෙක් ලැව් ගින්නකට මැදි වුණා. එයින් බේරෙන්ට ක්‍රමයක් නැතිව එක් අමු ගස් බෙණයකට තමන්ගේ හිස ඔබා ගත්තා. ඇගේ සියලුම මවිල් පිච්චිලා ගියා. රුකේ හිස ඔබාගෙන සිටි තැන විතරක් හිස වටා ලොම් ස්වල්පයක් ඉතිරි වුණා. ඔය විදිහට පණ බේරාගත් සිවලා එක දවසක් වතුර වලකින් වතුර බොද්දී තමන්ගේ ඡායාව දැක්කා. හිස මුදුනේ මවිල් ටිකක් හරි අගේට පිහිටලා තියෙන හැටිත් දැක්කා.

දැකලා 'දැන් මට හම්බකරගෙන කන්ට අලුත් රූපයක් ලැබිලා තියෙනවා නොවැ' කියලා සතුටු වෙලා වනයේ ඇවිදින්ට පටන් ගත්තා. එතකොට බෝසත් මීරජු ප්‍රධාන මී රැළ දකින්ට ලැබුණා. දැකලා මේ මීයන්ව රවටාගෙන භක්ෂණය කරන්ට ඕනෑ කියලා හිරු නැගෙන දිසාවට හැරිලා තනි කකුලෙන් සිටගෙන සිටියා.

බෝසත් මීයා ගොදුරු සොයන්ට යන අතරේ මේ හොරතපස් ගත් සිවලාව දැකින්ට ලැබිලා සිල්වතෙක් කියල හිතාගෙන මෙහෙම ඇහැව්වා. "ඇ.... තමුන්නාන්සේ කව්ද?" "පින්වත.... මම නමින් අග්ගිකභාරද්වාජ නම් වෙමි." "භවත් අග්ගිකභාරද්වාජයෙනි.... තමුන්නාන්සේ මෙහි වැඩම කොළේ මක් නිසාද?" "පින්වත.... මා මෙහි පැමිණියේ තොප සියලුදෙනාගේ ආරක්ෂාව සඳහා ය" "එහෙම නම්.... තමුන්නාන්සේ අපිව ආරක්ෂා කරන්ට අදහස් කොරන්නේ කොයි අයුරෙන් ද?"

"මං ඇඟිලි ඇසුරෙන් ගණන් කරන්ට දන්නවා. ඔහේලා ගොදුරු සොයාගෙන පිටත්වෙන කාලෙට මෙපමණ ගණනක් පිටත් වුනාය, නැවත ආවාට පස්සේ මෙපමණ ගණනක් ආවාය කියා ගණන් කරන්නම්. මේ විදිහට උදය සවස දෙකේ ම තොපව ආරස්සා කොරන්ට පුළුවනි."

"බොහෝම අගෙයි අග්ගික මාමණ්ඩියෙනි...." කියලා බෝසත් මීයා සිවලාගේ අදහස අනුමත කළා. සිවලා මී පිරිස පිටත් වෙද්දී එකායි.... දෙකායි.... කියලා ගණන් කරලා ආපසු එද්දී ඒ විදිහට ම ගණන් කරලා අන්තිමට එන මීයාව කාලා දමනවා. මී පිරිස අඩු වෙන්ට පටන් ගත්තා. බෝසත් මීයාට කාරණය දැනුම් දුන්නා.

බෝසත් මීයා මේක අග්ගිකයාගේ ම වැඩක් වෙන්ට ඕනෑය කියා සැක කොට දවසක් තමන් පෝළිමේ අන්තිමට පැමිණියා. සිවලා එක්වර ම බෝසත් මීයාව කන්ට පැන්නා. වහා පැත්තකට පැනගත් මී රාජයා මෙහෙම කිව්වා. "හත්.... එම්බල අග්ගිකයෝ.... තෝ අපට කීවේ තොගේ හිස මුදුනේ කුඩුම්බියක් වගේ මවිල් රොදක් පිහිටලා තියෙන්නේ ධර්මයට ගරු කිරීම පිණිසයි කියල.... බැලින්නම් තෝ කන්ට උපායක් හැටියට නොවැ ඒක කොරගෙන තියෙන්නේ..." කියලා මේ ගාථාව පැවසුවා.

තොගේ හිසේ තිබෙනා ඔය කුඩුම්බිය
- පිනට නොවෙයි පහළ වුණේ
කන්ට උපායක් හැටියට නොවෙද
- තොපගේ හිස මත ඇති එය ලැබුණේ
ඇඟිලි ගණන් කරමින් තෝ රැකගන්නට ගොහින්
- අපට අපි ම යි නැතිවුණේ
වැඩක් නැතේ මින්පසු තොපගෙන්
- අග්ගිකයෝ දූන් එය තොපටයි හැරුණේ

කියලා මී රජා සිවලා මත පැන බොටුව සපා මරා දැම්මා. මී පිරිස සිවල් මස් කා යන්ට ගියා.

එදා කපටි අග්ගික සිවලා වෙලා සිටියේ ඔය භික්ෂුව යි. මී රාජයා වෙලා සිටියේ මම"යි කියා භාග්‍යවතුන් වහන්සේ මේ ජාතකය නිමවා වදාළා.

10. කෝසිය ජාතකය

කෝසිය බ්‍රාහ්මණියගේ කථාව

පින්වතුනේ, පින්වත් දරුවනේ,

ඒ කාලේ අපගේ භාග්‍යවතුන් වහන්සේ වැඩ වාසය කළේ සැවැත්නුවර ජේතවනයේ. ඔය දවස්වල සැවැත්නුවර ඉතා සැදැහැවත් උපාසක බ්‍රාහ්මණයෙක් සිටියා. ඔහුගේ බ්‍රාහ්මණ බිරිඳ මායාකාරී ගතිගුණ ඇති කපටි දුස්සීල ස්ත්‍රියක්. ඇය බ්‍රාහ්මණයාට හොරෙන් රාත්‍රියේ අනාචාරයේ හැසිරෙනවා. දවල් කාලෙට ඉතාමත් රෝගී බවක් පෙන්වා කිසි වැඩක් පළක් නොකොට කෙඳිරිගගා හාන්සි වෙලා ඉන්නවා. තම ස්වාමියා වන මේ සිල්වත් උපාසක බ්‍රාහ්මණයාට ඈ ගැන ගොඩාක් දුකයි.

"අනේ.... සොඳුරී.... අදත් ඔයාට අසනීපයි වගේ...."

"ඔව් අනේ.... මගේ පිටේ වාතේ අමාරුවක් හැදිලා නැගිටින්ට බෑ අනේ.... ම්.... හ්.... ඕහ්.... හා.... හෝ...."

"සොඳුරී... ඔයාට මගෙන් මොනාද කෙරෙන්ට ඕනෑ" එතකොට ඈ තමන් කන්ට ආසා කරන මිහිරි මිහිරි දේ හදා දෙන්ට කියලා බ්‍රාහ්මණයාට කියනවා. බමුණාත් ඉතා වෙහෙසිලා දාසයෙක් වගේ ඈ ඉල්ලන ඉල්ලන ආසා කරන දේවල් ගෙනැවිත් හද හදා දෙනවා. බ්‍රාහ්මණයා ගෙදර සිටිද්දී ඈට අසනීපයි. බ්‍රාහ්මණයා ගෙදරින් පිට වූ ගමන් ඈ කඩිමුඩියේ නා ගන්නවා. සැන්ට් පවුඩර් උලාග න්නවා. අනාචාරයේ හැසිරෙන්ට පටන් ගන්නවා. මේ

කිසිවක් නොදත් බ්‍රාහ්මණයා තමන්ගේ බිරිඳගේ සුව කළ නොහැකි වාතරෝගය ගැන මහත් විස්සෝපයෙන් සිටියා.

දවසක් මේ බ්‍රාහ්මණයා මල් ආදිය රැගෙන භාග්‍යවතුන් වහන්සේ බැහැ දකින්ට ගියා. ගිහින් මල් පුදා වන්දනා කොට එකත්පස්ව වාඩි වුණා. "බ්‍රාහ්මණය.... මොකද කාලෙකින් දකින්ට නැතිවුණේ?" "අනේ ස්වාමීනී, භාග්‍යවතුන් වහන්ස, අපගේ බිරිඳ අසනීප වුනා නොවැ. ඈට වාත අමාරුවක්. ඒකට වෙද්දු කියලා තියෙන්නේ ඉතා සිනිඳු ප්‍රණීත මධුර භෝජන අනුභව කරන්ට කියලයි. මං දිනපතා ඒකට බොහෝම මහන්සි වුණා. ඒක නිසයි මට භාග්‍යවතුන් වහන්සේ බැහැදකින්ට එන්ට බැරිවුණේ"

"බ්‍රාහ්මණය, ඔය අසනීප හැදුණු ස්ත්‍රීන්ගේ රෝගය සංසිඳෙන්නේ නැති වුණාම මේ මේ බෙහෙත් වර්ග දෙන්ට කියලා පුරාණ කාලේ නුවණැත්තෝ කියපු කතාව ඔබ අහලා නැතුවා වගෙයි"

"අනේ ස්වාමීනී.... මට එවැනි ඖෂධයක් ගැන අහන්ට ලැබිලා නැහැ. හප්පේ.... එහෙම වුණා නම් මීට වේලාසනින් මට මගෙ බිරිඳ සුවපත් කරගන්ට තිබුණා. අනේ ස්වාමීනී.... ඒ පුරාණ කාලෙ නුවණැත්තෝ දුන් බෙහෙත් ඖෂධ ගැන කතාව වදාරන සේක්වා" කියලා ඒ බ්‍රාහ්මණයා භාග්‍යවතුන් වහන්සේගෙන් ඉල්ලා සිටියා. භාග්‍යවතුන් වහන්සේ මේ ජාතකය වදාළා.

"බ්‍රාහ්මණය, ගොඩාක් ඉස්සර කාලෙක බරණැස් නුවර බ්‍රහ්මදත්ත නම් රජ්ජුරු කෙනෙක් රාජ්‍ය කරමින් සිටියදී මහබෝධිසත්වයෝ ශිල්ප හදාරා බරණැසට ඇවිත් දිසාපාමොක් ආචාර්යතුමා බවට පත්වෙලා වාසය කළා. ඒ කාලේ රාජධානි සියයක තරුණයින් ශිල්ප හදාරන්ට ගියේ දිසාපාමොක් ආචාරීන් ළඟටයි.

ඔය කාලේ ඈත ජනපදයකින් පැමිණි එක්තරා බ්‍රාහ්මණයෙක් බෝධිසත්වයන් ළඟට ඇවිත් ත්‍රිවේදයත් දහඅටක් ශිල්පවිද්‍යාත් ඉගෙන ගත්තා. බරණැසින් ම බ්‍රාහ්මණ කෙල්ලක් සමඟ විවාහ වෙලා පදිංචි වුණා. ඔහු සේවා පිණිස දවසකට දෙතුන් වතාවක් බෝධිසත්වයන් ළඟට එනවා. ඔහුගේ බිරිඳ ඉතාම දුස්සීලයි. තම සැමියාට හොරෙන් නිතර අනාචාරයේ හැසිරෙනවා. සැමියා ගෙදර සිටින විට ඈට ගොඩාක් අසනීපයි. එතකොට ඈ කෙඳිරි ගාමින් ඇඳේ සැතපී ඉන්නවා. ස්වාමියා ළඟට ඇවිත් සැපදුක් අසද්දී නොයෙක් මියුරු ප්‍රණීත ආහාරපාන ගෙන්වාගෙන අනුභව කරනවා. ස්වාමියා පිට ගිය ගමන් තමන් අනාචාරයේ හැසිරෙනවා. බිරිඳගේ අසනීපය දිගටම තියෙන නිසා බමුණාට බෝධිසත්වයන් බැහැ දකින්ට යන්ට බැරි වුණා.

දවසක් බ්‍රාහ්මණයා බෝධිසත්වයෝ බැහැදකින්ට ගියා. "කිම පුත්‍රය.... මොකද මෙතෙක් දවස් නො ආවේ?" "අනේ.... ආචාර්යපාදයෙනි.... අපගේ බිරින්දෑ ගිලන් වුණා නොවැ. දරුණු වාතාබාධයක්ලු. වෙද්දු නියම කරලා තියෙන්නේ ඉතා මධුර වූ සිනිඳු වූ ප්‍රණීත ආහාරපාන අනුභවය යි. ඉතින් ඇගේ කටයුතු සොයාබලන්ට ගොහින් මට අඩුගණනේ මේ පැත්තේවත් එන්ට බැරි වුණා. අනික ආචාර්යපාදයෙනි.... ඇගේ අසනීපයේ සුව අතට හැරීමක් පේන්ටත් නෑ."

එතකොට බෝධිසත්වයෝ මෙහෙම කල්පනා කළා. 'මොහු කියන කාරණා අනුව නම් ඔය ගෑණිට තියෙන්නේ හැබෑ අසනීපයක් වෙන්ට බෑ. තමන්ගේ අනාචාරයේ හැසිරීම වසාගන්ටයි මේ උප්පරවැට්ටිය කරන්නේ' කියා අර බ්‍රාහ්මණයාට මෙහෙම කිව්වා.

"පුත්‍රය.... මං නුඹේ භාර්යාවගේ අසනීපයට

පංකාදු ඖෂධයක් කියන්නං. අද පටන් ගිතෙල් මීකිරි වගේ ප්‍රණීත භෝජන දෙන්ට එපා. ගව මූත්‍රයෙහි අරළු බුළු නෙල්ලි දාලා ඒවාට පස්පංගුවත් දාලා හොඳහැටියට රත් කොරාපං. අළුත් තඹ භාජනයක දමාලා ලෝහ ගඳ ගස්සවාපං. ඊට පස්සේ හොඳ වේවැලක් හරි ලණුවක් හරි වැලක් හරි අතට ගනිං. මෙහෙම කියාපන්.

"මේන් මං ගෙනාවා ඔයාට ඉතාම සුදුසු ඖෂධයක්. මේක බොන්ට ඕනෑ. එහෙම නැත්තං ඔයා ගත්තු ආහාර පානයන්ට ගැලපෙන්ට නැගිටලා වැඩක් පළක් කරන්ට ඕනෑ" කියලා මං මේ කියාදෙන ගාථාවත් කියාපං.

හැබැයි.... බෙහෙත බොන්ට බෑ කිව්වොත් කෙස් වල්ලෙන් ඇදලා නැගිට්ටවලා වේවැලෙන් දෙකක් ගසාපන්. ඔය බොරු නැතිව නැගිටලා ගෙදරදොරේ වැඩක් කරන්ට කියාපන්."

ඉතින් බ්‍රාහ්මණයා දිසාපාමොක් ආචාර්යතුමා පැවසූ ආකාරයට බෙහෙත සාදා ගත්තා. බිරිඳ ළඟට ගෙනිච්චා.

"සොඳුරී.... කෝ.... නැගිටින්ට.... ඔයාට ඉතාම හොඳ අත්දුටු ඖෂධයක් මං ඇන්න ආවා. මේක බොන්ට" ඈ නැගිටලා බෙහෙත දිහා බැලුවා. "ම්.... හ්.... කව්ද මේ බෙහෙත දෙන්ට කීවේ?" "මං අපේ ආචාර්යපාදයන්ට ඔයාගේ අසනීපය ගැන කිව්වා. උන්නාන්සේ තමයි මේ බලගතු බේත දෙන්ට කිව්වේ"

"එපා.... මට ඕවා බොන්ට බැහැ. ඕක වීසි කරන්ට."

"ඕ.... හෝ.... එහෙමද එහෙනම්.... අද පටන් තමන් ආසා කොරන දේවල් බොන්ටත් බෑ ඕං.... දැන් නැගිටපිය.... මාව රවට්ටාගෙන සංග්‍රහ ලැබුවා දැන් ඇති.... හ්ම්.... නැගිටහං. ගෙදර වැඩක් පලක් කරහං...." කියලා මේ ගාථාව පැවසුවා.

කෝසිය බැමිණියේ නුඹ දැන් - වාත අමාරුව කියමින්
- ඇඳ මත ම යි ඉන්නේ
වාතෙට ගැලපෙන්නෙ ම නැති
- පිණී බොජුන් ඉල්ලාගෙන
- හොඳ හැටියට කන්නේ
ලෙඩ ගැන කියනා දේවල්
- තී කනබොන මේ දේවල්
- දෙක ම නොගැළපෙන්නේ
දැන් මං තී ගැන දන්නව - එනිසා හනිකට නැගිටල
- වැඩපල කරපන්නේ

මෙහෙම කියපු ගමන් කෝසියා නමැති ඒ බැමිණිය තැතිගත්තා. හොඳටෝම භය වුණා. තමන්ගේ රහස් දිසාපාමොක් ආචාර්යයන්ට දැන ගන්ට ලැබිලා වත් ද කියලා තවත් භය වුනා. 'දැන් ඉතින් මට මෙයාව රවට්ටන එක ලේසි නෑ' කියල සංවර වුණා. දිසාපාමොක් ආචාර්යයන් කෙරෙහි භය නිසා ම ඇගේ අනාචාර කටයුතු නැවැත්තුවා. සිල්වත් වුණා.

භාග්‍යවතුන් වහන්සේගෙන් මේ කතාව දැනගත් උපාසක බ්‍රාහ්මණයා ගෙදර ගොහින් එදා බ්‍රාහ්මණයා කළ ආකාරයට බෙහෙත දුන්නා. භාග්‍යවතුන් වහන්සේ තමාගේ අනාචාර ජීවිතේ දැනගත්තා කියල හොඳටෝම ලැජ්ජාවටත් භයටත් පත් වුණා. සිල්වත් වුණා. එදා අඹු සැමි දෙදෙනා ම යි මෙදාත් අඹුසැමියන්ව ඉන්නේ. එදා දිසාපාමොක් ආචාර්යයව සිටියේ මම"යි කියා භාග්‍යවතුන් වහන්සේ මේ ජාතකය නිමවා වදාළා.

දහතුන්වෙනි කුසනාළි වර්ගය අවසන් විය.

මහාමේඝ ප්‍රකාශන

09. මොකක්ද මේ ක්ෂණ සම්පත්තිය?
10. පඤ්ච උපාදානස්කන්ධය
11. ප්‍රඥාවමයි උතුම්
12. නුවණින් විමසීම අපතේ නොයයි
13. පිහිටක් තියෙනවා ම යි
14. කොහොමද පිහිට ලැබගන්නේ...?
15. බුදු නුවණින් පිහිට ලබමු
16. අසිරිමත් දහම් සාකච්ඡා
17. දිව්‍ය සභාවක අසිරිය
18. ආර්ය ශ්‍රාවකයාගේ අවබෝධය
19. අසිරිමත් මහාකරුණාව!
20. විස්මිත පුහුණුව

- **සදහම් සිතුවම් පොත් පෙළ :**

01. ඡත්ත මාණවක
02. බාහිය දාරුචීරිය මහරහතන් වහන්සේ
03. පිණ්ඩෝල භාරද්වාජ මහරහතන් වහන්සේ
04. සුමන සාමණේර
05. අම්බපාලී මහරහත් තෙරණියෝ
06. රට්ඨපාල මහරහතන් වහන්සේ
07. සක්කාර නුවර මසුරු කෝසිය
08. කිසාගෝතමී
09. උරුවේල කාශ්‍යප මහරහතන් වහන්සේ
10. සංකිච්ච මහරහතන් වහන්සේ
11. සුප්පබුද්ධ කුෂ්ඨ රෝගියා
12. නිවී ගිය සේක බුද්ධ දිවාකරයාණෝ
13. සුමන මල් වෙළෙන්දා
14. කාලි යක්ෂණිය
15. මුගලන් මහරහතන් වහන්සේ
16. ලාජා දෙවඟන
17. ආයුවඩ්ඩන කුමාරයා
18. සන්තති ඇමති
19. මහධන සිටුපුත්‍රයා
20. අනේපිඬු සිටුතුමා
21. නන්ද මහරහතන් වහන්සේ
22. මණිකාර කුළුපග තිස්ස තෙරණුවෝ
23. විශාඛා මහෝපාසිකාව
24. පතිපූජිකාව
25. සිරිගුත්ත සහ ගරහදින්න
26. මහාකස්සප මහරහතන් වහන්සේ
27. අහෝ දෙව්දත් නොදිටි මොක්පුර
28. භාගිනෙය්‍ය සංඝරක්ඛිත මහරහතන් වහන්සේ
29. උදලු කෙටිය
30. සාමාවතී සහ මාගන්දියා
31. සිරිමා
32. බිළාලපාදක සිටුතුමා
33. මඝවා නම් වූ සක්දෙවිඳු
34. ආනන්දය, සර්පයා දුටුවෙහි ද?

- **ඉංග්‍රීසි භාෂාවට පරිවර්තනය වී ඇති ධර්ම දේශනා ග්‍රන්ථ :**

01. Mahamevnawa Pali-English ParittA Chanting Book
02. The Wise Shall Realize
03. The life of Buddha for children

- **ඉංග්‍රීසි භාෂාවට පරිවර්තනය වී ඇති සූත්‍ර දේශනා ග්‍රන්ථ :**

01. Stories of Ghosts
02. Stories of Heavenly Mansions
03. Stories of Sakka, Lord of Gods
04. Stories of Brahmas
05. The Voice of Enlightened Monks
06. The Voice of Enlightened Nuns
07. What Does the Buddha Really Teach? (Dhammapada)

- **ඉංග්‍රීසි භාෂාවට පරිවර්තනය වී ඇති සදහම් සිතුවම් පොත් :**

01. Chaththa Manawaka
02. The Great Arhant Bahiya Darucheeriya
03. The Great Arhant Pindola Bharadvaja
04. Sumana the Novice monk
05. The Great Arahath Bikkhuni Ambapali
06. The Great Arahant Rattapala
07. Stingy Kosiya of Town Sakkara
08. Kisagothami
09. Sumana The Florist
10. Kali She-devil
11. Ayuwaddana Kumaraya
12. The Banker Anathapindika
13. The Great Disciple Visākhā
14. Siriguththa and Garahadinna

පූජ්‍ය කිරිබත්ගොඩ ඤාණානන්ද ස්වාමීන් වහන්සේ විසින් රචිත
සියලුම සදහම් ග්‍රන්ථ සහ ධර්ම දේශනා ලබාගැනීමට

ත්‍රිපිටක සදහම් පොත් මැදුර

අංක 70/A/7/OB, YMBA ගොඩනැගිල්ල, බොරැල්ල, කොළඹ 08
දුර : **077 47 47 161 / 011 425 59 87**
ඊ-මේල් : thripitAkasadahambooks@gmail.com

www.ingramcontent.com/pod-product-compliance
Lightning Source LLC
Chambersburg PA
CBHW060718030426
42337CB00017B/2912